기도 먼저

Just Ask
© J. D. Greear, 2021
All rights reserved.

Originally Published in English by The Good Book Company, Epsom, Surrey, UK
All rights reserved. www.thegoodbook.co.uk

Korean translation edition © 2021 by Duranno Ministry, Seoul, Republic of Korea
This Korean edition published by arrangement with The Good Book Company.

이 책의 한국어판 저작권은 The Good Book Company와 독점 계약한 두란노서원에 있습니다.
저작권법에 의하여 한국 내에서 보호받는 저작물이므로 무단 전재와 무단 복제를 금합니다.

기도 먼저

지은이 | J. D. 그리어
옮긴이 | 정성묵
초판 발행 | 2021. 8. 25.
9쇄 발행 | 2025. 10. 1.
등록번호 | 제1988-000080호
등록된 곳 | 서울특별시 용산구 서빙고로65길 38
발행처 | 사단법인 두란노서원
영업부 | 02) 2078-3333 FAX | 080-749-3705
출판부 | 02) 2078-3330

책값은 뒤표지에 있습니다.
ISBN 978-89-531-4061-5 03230

독자의 의견을 기다립니다.
tpress@duranno.com   www.duranno.com

두란노서원은 바울 사도가 3차 전도 여행 때 에베소에서 성령 받은 제자들을 따로 세워 하나님의 말씀으로 양육하던 장소입니다. 사도행전 19장 8-20절의 정신에 따라 첫째 목회자를 돕는 사역과 평신도를 훈련시키는 사역, 둘째 세계선교™와 문서선교단행본·잡지 사역, 셋째 예수문화 및 경배와 찬양 사역, 그리고 가정·상담 사역 등을 감당하고 있습니다. 1980년 12월 22일에 창립된 두란노서원은 주님 오실 때까지 이 사역들을 계속할 것입니다.

바빠도, 힘들어도, 슬퍼도

기도 먼저

J. D. 그리어 지음
정성묵 옮김

두란노

이 책을 향한 찬사들

모든 영적 훈련 중에서 기도는 가장 자주 간과되는 훈련이다. 하지만 성경은 처음부터 끝까지 기도로 하나님의 얼굴을 찾으라고 권하고 있다! 우리가 무엇을 놓치고 있는가? 무엇이 잘못되었는가? 이 책에서 저자는 그 답을 알려 줄 뿐 아니라 그리스도와의 동행에서 가장 간과되고 있지만 가장 필요한 측면 중 하나인 기도의 삶을 한층 더 끌어올리기 위한 강력하고도 아름다운 길을 보여 준다.

매트 카터(Matt Carter)_ 세이지몬트교회 담임목사

당신이 나와 같다면 기도에 관한 이 책을 보자마자 '기도는 정말 싫어!'라고 생각했을지 모르겠다. 왜 우리는 기도라고 하면 그렇게 질색하는가? 우리의 기도 없는 삶, 죄, 실패에 너무 익숙해져서 그런 것은 아닐까? 나는 그렇다. 좋은 소식은 내 친구인 이 책의 저자도 우리와 비슷하다는 것이다. 그는 목회자의 마음, 성경에 대한 깊은 이해, 매력적이고도 현실적인 글로 즐겁고 담대하고 끈질기게 기도라는 흥미진진한 세계를 파헤친다. 이 책을 집어 읽고 나서 당신의 목소리를 간절히 원하시는 아버지께 말을 걸기 시작하라.

엘리즈 피츠패트릭(Elyse Fitzpatrick)_《자녀교육, 은혜를 만나다》저자

나와 같이 기도에 대해 어려워하는 이들을 위한 책이다. 기도 전사들에 관해 들은 적이 있는가? 심지어 몇 사람을 알고 있는가? 하지만 우리 같은 이들은 도움이 필요하다. 이 책은 나의 무릎을 구부려 내 아버지를 향해 부르짖게 만들었다. 이 책이 당신도 그렇게 만들어 주기를 간절히 바란다.

레베카 맥롤린(Rebecca McLaughlin)_ *Confronting Christianity* 저자

나는 1990년대 말에 저자를 만났다. 그때 그는 전 세계에 수많은 교회를 세워 세상 모든 사람에게 복음을 전하겠다는 거창한 포부를 이야기했다. 그런데 그때도 이 대담한 목표를 이루기 위한 그의 방법은 철저히 기도에 의지하는 것이었다. 이 책에서 그는 기도하는 법과 기도해야 하는 이유를 가르쳐 준다. 기도하는 법을 배우면 삶이 변할 것이다.

더윈 그레이(Derwin L. Gray)_ 트랜스포메이션교회 담임목사

이 책은 성경적이고 현실적이다. 무엇보다도 희망적이다. 나는 늘 건강한 기도 생활을 위한 좋은 자료를 찾는다. 신학적인 깊이를 잃지 않으면서도 짧고 강력한 이 책이야말로 당신이 찾던 건강한 기도 생활의 답이다.

데이브 고벳(Dave Gobbett)_ 하이필즈교회 담임목사

추천의 글

삶을 변화시키고 싶다면

크리스마스에는 십대 손자에게 네이비 씰 사령관을 역임했던 윌리엄 맥레이븐(McRaven)이 쓴 베스트셀러 《침대부터 정리하라》(Make Your Bed)를 선물했다. 이 책은 인생의 기본적인 것들을 다루고 있다. 혹시 인생의 목적에 대해 혼란스러운가? 그렇다면 당신의 침대부터 정리하라! 어느 방향으로 가야 할지 모르겠는가? 그렇다면 당신의 침대부터 정리하라! 논리는 간단하다. 머릿속으로 고민만 하지 말고 아침에 가장 먼저 해야 하는 구체적인 일을 하라. 침대부터 정리하라!

저자도 이 책에서 같은 말을 하고 있다. 기도로 상황이 변할지에 관한 신학적 난제 속에서 허우적거리지 말고 그냥 구하라! 정말 어렵고 고통스러운 일로 절망하지 말고 그냥 구하라! 이것이 이 책에 담긴 지혜이다. 이 책은 기도 생활을 시작하기 위한 기본기를 알려 주는 입문서이다.

나는 기도를 어려워하는 사람들에게 하루에 딱 5분만 기도해 보라는 말을 자주 한다. 딱 5분이면 된다! 내가 제자로 훈련시키고 있는 두 명의 청년은 5분도 힘겨워 했다. 그래서 시간을 1분으로 줄였다. 그들이 기도의 맛을 보고 하나님이 정말로 들으신다는 것을 경험하고 나자 기도하는 시간은 점점 늘어났다. 그러니 기도를 너무 어렵게 생각하지 말라. 그냥 구하라!

이 책이 단순하다고 해서 착각하지는 말라. 저자는 기도에 관한 가장 힘든 질문들과 많은 씨름을 해 온 사람이다. 하지만 그는 머릿속에 갇혀 있지 않다. 그는 어린아이와 같아야 한다던 예수님의 가르침대로 단순함을 추구한다. 어린아이들은 단순하게 구할 줄 안다.

내가 볼 때 성경 어디에도 파괴된 성전에 대한 이사야의 위대한 탄식만큼 단순한 기도는 없다. 이 탄식은 이사야서 63-64장에 기록되어 있다. 이사야는 하나님께 마음을 쏟아낸다.

"주 외에는 자기를 앙망하는 자를 위하여 이런 일을 행한 신을 옛부터 들은 자도 없고 귀로 들은 자도 없고 눈으로 본 자도 없었나이다"(사 64:4).

이 구절의 핵심은 "앙망하는(기다리는) 자를 위하여 이런 일을 행한"이다. 이사야의 기도는 우리 아버지가 그분을 기다리는 자들을 위해서 반드시 역사하신다는 사실을 단순히 믿는 데서 우러나온다. 기도 자체에는 그 어떤 마법도 없다. '마법'은 나를 사랑하시며 나를 생각하시고 나를 위해 역사하시는 아버지께 있다.

성숙한 크리스천일수록 단순하게, 그냥 구하지 못하는 경우가 많다. 최근 내 비서 도나(Donna)가 나를 괴롭히던 컴퓨터의 문제를 말끔하게 해결했다. 놀란 내가 도대체 어떻게 한 것이냐고 묻자 도나는 "기도했어요"라고 대답했다. 그 대답에 나는 너털웃음을 터뜨렸다. 내가 고장난 컴퓨터를 다룬 모습을 보니 나는 기도에 관한 책을 쓸 자격이 없다. 나는 그 문제를 놓고 기도하지 않았다. 하지만 도나는 기도했다. 나는 아이처럼 '그냥 구하는' 단순함을 잃어버릴 때가 너무도 많다.

책을 선물로 받은 손자는 침대를 정리하기 시작했다. 침대 위에 무릎을 꿇고 어린아이처럼 그냥 구하기를 바란다. 기도는 이토록 단순하다. 이 책이 무릎을 꿇고 그 자세를 5분 동안 유지하게 도와줄 것이다. 딱 5분만 참으면 하나님이 행하시는 역사에 놀라게 될 것이다!

폴 밀러(Paul E. Miller)
《일상 기도》 저자

Contents

추천의 글

삶을 변화시키고 싶다면 **6**

프롤로그

어떤 순간에도 '기도 먼저'의 삶 **14**

PART 1

우리가 기도하지 않는 이유

기도 없는 삶,
나를 의지하는 삶

---

1 솔직히, 기도에 능력이 있을까? **14**

2 왜 내 기도에는 응답하시지 않을까? **56**

3 어차피 모든 일이 정해져 있다면,
  힘들게 기도해야 할까? **85**

PART 2

예수님의 기도법

기도의 모델을 배우다

---

4 **잘못된 기도 습관들**
  기도를 수단으로 삼지 말라 **108**

5 **기도의 시작**
  모든 것을 거저 주시는 "아버지"의 이름을 부르라 **131**

6 **오늘을 위한 기도**
  숨김없이, 남김없이 모든 필요를 아뢰라 **157**

7 **내일을 위한 기도**
  기도하면, 삶의 파도에도 내적 고요함을
  유지할 수 있다 **183**

에필로그
당신을 기다리시는 아버지께 구하라! **210**

감사의 말 **218**
참고문헌 **223**
주 **224**

프롤로그

어떤 순간에도
'기도 먼저'의 삶

솔직히 말해 보자. 우리 중에 건강하고 행복한 기도 생활을 영위하는 사람은 손에 꼽는다. 당신을 정죄하려고 하는 말이 아니다(심지어 나는 당신을 알지도 못한다). 이는 지극히 개인적인 이야기이다. 나 뿐만은 아닐 것이다. 우리는 기도 생활을 잘하지 못한다. 신학자 D. A. 카슨(Carson)은 평범한 크리스천에게 개인적인 기도 생활에 대하여 꼬치꼬치 물어 보면 안된다는 말을 했다. 이 물음이 상대를 부끄럽게 만들기 때문이다. 그의 말이 틀렸으면 좋겠지만 맞는 말이다.

'성숙한' 크리스천들은 성경을 손바닥 보듯이 꿰뚫고 있다. 남들에게 전할 만한 놀라운 간증거리도 가지고 있다. 자신을 희생하며 사역에 힘을 쏟는 이들이 있는가 하면 헌금과 구제에 누구보다 열심인 이들도 있다. 하지만 우리의 기도 생활은 어떠한가? 별로 자랑할 만하지 못하다.

한 연구에 따르면 목회를 준비하는 신학생들도 보통 하루에 6분 이상을 기도하지 않는다고 한다. 겨우 6분이라니! 이런 형편없는 기도 생활이 큰 문제인 이유가 있다. 예수님께서는 "나를 떠나서는 너희가 아무것도 할 수 없음이라"라고 말씀하셨다(요 15:5). 그리고 그분께 연결되는 유일한 방법은 '거함'이라고 말씀하셨다(15:4). 그런데 거함은 곧 기도를 의미한다. 다시 말해, 기도 없이는 아무런 일도 일어나지 않는다.

'아무것도'는 매우 포괄적인 의미의 단어이며, 예수님은 일부러 이 단어를 선택하셨다. 기도하는 법을 알지 못하는 사람들은 삶 속에서 영원한 의미가 있는 일들을 경험하지 못한다. 18세기 영국의 위대한 전도자 존 웨슬리(John Wesley)는 이런 유명한 말을 했다.

> "나는 하나님이 이 땅에서 기도 응답 외에 아무것도 하시지 않는다고 확신한다."

예수님은 제자들에게 "너희는 기도할 때"라고 말씀하셨다. 이는 기도가 신앙이 고도로 높은 사람들을 위한 추가적인 권장사항이 아니라 모든 크리스천이 당연히 해야 하는 일임을 알려 준다(눅 11:2). 야고보는 여러 문제가 많았던 교인들에게 그들이 얻지 못한 것은 구하지 않았기 때문이라고 말했다(약 4:2). 구하지 않으면 큰 것을 놓친다. 아니, 모든 것을 놓칠지도 모른다.

기도로 채워진 예수님의 삶

사람들은 기도할 필요가 전혀 없는 분이 있다면 바로 예수님일 것이라고 생각할 것이다. 만약 당신이 성자 하나님이라면 세상 근심 걱정이 하나도 없어야 하지 않는가. 하지만 복음서들을 보면 예수님의 삶은 기도로 가득했다.

인간으로서 예수님은 하나님과의 교제에서 힘을 얻고 성령의 충만함에서 능력을 얻으셨다. 예수님께 기도는 그분에게는 불필요하지만, 단순히 우리에게 '옳은 습관'의 본을 보여 주기 위해서 행하신 선택사항 정도가 아니었다. 예수님께도 기도는 인생에서 반드시 필요한 일이었다. 먹고 자는 것보다도 더 필수적인 일이었다. 이것은 결코 가벼운 진술이 아니기 때문에 잠시 누가복음을 통해 확인해 보자.

예수님은 세례를 받기 전에 기도하셨다(눅 3:21). 누가는 사역 규모가 커지고 인기가 높아질수록 예수님이 더 자주 한적한 곳으로 가서 기도하셨다고 기록한다(눅 5:16). 제자들을 선택하기 전에는 밤새 기도 하셨다(눅 6:12). 제자들에게 궁극적인 질문("너희는 나를 누구라 하느냐?")을 하기 전에 기도부터 하셨다(눅 9:18-20). 제자들이 그리스도요 하나님의 아들이라고 고백한 뒤에는 그중 세 명을 데리고 산으로 올라가셨다. 물론 기도를 하기 위해서였다(눅 9:28). 죽음의 시간이 얼마 남지 않아 괴로울 때도 기도하셨다(눅 22:39-46). 체포되기 몇 시간 전에는 곧 베드로가 자신을 부인할 줄 알고서 그를 위해 기도하셨다(눅 22:31-34). 십자가에 못 박히는 순간에도 망치를 든 자들을 위해 기도하셨다(눅 23:33-34). 마지막 숨을 내쉬면서는 무엇을 하셨을까? "아버지 내 영혼을 아버지 손에 부탁하나이다!"라고 기도하셨다(눅 23:46).

제자들은 예수님께 가르침을 받기 원할 때 "요한이 자기 제자들에게 기도를 가르친 것과 같이 우리에게도 가르쳐 주옵소서"라고 요청했다(눅 11:1). 생각해 보라. 그들은 예수님의 놀라운 설교들을 들었다. 예수님이 행하신 위대한 기적들도 보았다. 하지만 그들은 "주님처럼 설교하는 법을 가르쳐 주십시오" 혹은 "주님처럼 기적을 행하는 법을 가르쳐 주십시오"라고 말하지 않았다. 그들은 "주님처럼 기도하는 법을 가르쳐 주십시오"라고 말했다. 그들은 기도야말로 예수님 능력의 근원이라는 사실을 알았던 것이 분명하다. 그들은 예수님처럼 기도할 수 있다면 그분과 같은 능력을 기대할 수 있다고 생각했다.

누가가 자신의 복음서 곳곳에서 전하고 있는 요지는 이것이다. 인간으로서 육신 안에 거하신 하나님의 아들 예수님이 스스로는 아무것도 할 수 없는 것처럼 아버지의 도우심, 능력, 인도하심을 필요로 하셨는데 왜 우리는 그렇지 않은가? 예수님은 세상을 구원하고 교회를 세워야 하는 시급한 일을 앞두고서도 아버지께 필요한 것을 구할 시간을 내셨는데 왜 우리는 기도할 시간이 없을 정도로 바쁘다거나 기도하지 않아도 충분하다고 생각하는가? 왜 우리는 기도를 게을리 하면서 살아가는가? 정말로 우리가 예수님보다도 더 능력이 있다고 생각하는가?

초대교회가 누린 기쁨을 회복하는 길

초대 교인들은 자신들의 부족함을 분명히 알고 있었다. 이것이 그들이 예수님의 본을 따라 기도에 전념한 이유이다. 예수님은 제자들에게 이렇게 가르치셨다. "종이 주인보다 크지 못하고 보냄을 받은 자가 보낸 자보다 크지 못하나니"(요 13:16).

그래서 초대 교인들은 주님처럼 기도했다. 그들은 주님보다 크지 못했다. 주님은 기도로 아버지를 간절히 찾았고, 초대 교인들은 그 본을 철저히 따랐다. 누가는 누가복음에서 예수님이 기도로 하나님을 의지하셨다는 사실을 보여 주었던 것처럼 자신의 두 번째 책인 사도행전에서도 초대 교회 사역의 기초가 기도였다는 사실을 보여 주었다. 기도는 초대교회의 폭발적인 성장을 일으킨 열쇠였다.

이제 사도행전을 재빨리 보자. 제자들이 성령을 기다리는 동안 모든 신자들은 기도에 전념했다(행 1:14). 가룟 유다를 대신할 새로운 사도를 선출할 때도 기도했다(행 1:24-25). 오순절에 성령이 3,000명의 교인을 더해 주신 뒤에도 그들은 다 함께 모여 기도에 온 힘을 쏟았다(행 2:42). 박해 앞에서도 기도로 대응했다(행 4:24-30). 교회가 급격히 성장함으로 사역의 범위가 걷잡을 수 없이 넓어지자 사도들은 "오로지 기도하는 일과 말씀 사역"에만 집중하겠다고 선언했다(행 6:4). 보다시피 사도들은 기도를 설교만큼이나 리더십의 핵심으로 보았다. 원문을 보면 '기도'와 '말씀 사역'의 중요성은 동등하다. 즉 사도들에게 기도는 단순히 사역을 위한 준비가 아니라 사역 자체였다. 기도는 예수님이 사도들을 세상에 보내며 명령하신 사역 가운데 하나였다.

그래서 성경에는 제자들이 병자를 위해서 기도하는 모습을 볼 수 있다(행 9:40). 그들은 사람들이 감옥에서 풀려나길 위해 기도했다(행 12:5). 하나님께 선교사들을 일으켜 달라고 기도했다(행 13:2). 장로들을 임명하기 전에도 기도부터 했다(행 14:23). 계속해서 예를 들 수 있지만 이쯤 하면 무슨 말인지 이해했으리라 믿는다. 예수님만이 아니라 제자들에게도 기도는 모든 일의 기초였다.

그런데 요즘 교회와 크리스천들은 그렇지 않은 것 같아 심히 우려스럽다. 초대교회에는 기초적이었던 것이 21세기의 교회에서는 부가적인 것이 되었다. 현대 교회에서 초대교회와 같은 능력이 좀처럼 나타나지 않는 것도 무리는 아니다. 우리가 초대 교인들처럼 기쁨을 누리지 못하는 것은 전혀 이상한 일이 아니다.

우리는 왜 하나님이 우리를 통해서는 초대교회 시절만큼 놀라운 일을 행하시지 않는지 의아하게 여긴다. 그러면서 초대교회가 경험했던 것 같은 놀라운 일을 구하지 않는다. 왜 우리의 삶 속에는 예수님과 제자들에게서 나타났던 풍성함과 기쁨이 넘치지 않는지 의아하게 여긴다. 그러면서 그들처럼 하늘 아버지와 충분한 시간을 보내지는 않는다.

우리는 예수님께 기도하는 법을 알려 달라고 다시 요청해야 한다. 이것이 이 책의 목표이다. 하나님이 그분께 말하는 것(과 그분의 음성을 듣는 것)에 관해서 무엇을 말씀하시는지 살피는 동안 당신 안에 기도의 열정이 되살아나길 바란다.

나는 우리가 주님과 초대 교인들처럼 아버지를 의지하는 법을 배우면 그들과 똑같은 능력의 근원을 누릴 수 있다는 것을 알려 주기 위해 책을 썼다. 이사야 선지자는 하나님의 손이 짧아서 우리를 구원하시지 못하는 것도 아니고 귀가 둔해서 우리의 말을 듣지 못하시는 것도 아니라고 말했다(사 59:1). 하나님은 변함이 없으신 분이다. 단지 우리가 구하기만 하면 된다.

우리가 기도하지 않는 이유

기도 없는 삶,
나를 의지하는 삶

PART 1

JUST ASK

CHAPTER 1

솔직히,
기도에 능력이
있을까?

아직까지 이 책을 덮지 않고 읽어 주어서 고맙다. 내가 이 책의 포문을 열면서 내놓았던 진단, 즉 우리가 기도를 제대로 하고 있지 않는다는 사실에 당신도 동의한다는 뜻으로 간주하겠다. 하지만 그 이유는 무엇일까?

우리는 이 이야기를 터놓고 하지 않았다. 그래서 당신이 마음속으로 무슨 생각을 하고 있는지 아무도 모른다. 이번 기회에 한번 솔직히 말해 보자. 당신은 왜 기도 생활을 제대로 하지 않는가?

대부분의 사람들은 자기 관리의 부족을 이유로 꼽을 것이다. 우리는 열심히 운동하지 않고 채소를 충분히 섭취하지 않는 것과 같은 이유로 충분히 기도하지 않는다. 결단과 절제력이 더 필요하다. 더 구체적인 계획이나 좋은 자료도 필요할 수 있다. 혹시 그런 것을 기대하며 이 책을 집었는가?

물론 자기 관리의 부족이 이유가 될 수도 있다. 나는 기도에 대한 우리의 접근법에 더 깊은 차원의 문제들이 있다고 생각한다. 이는 단순한 의지와 자기 관리만으로는 해결할 수 없는 문제들이다. 나는 우리가 기도하지 않는 가장 솔직한 이유는 별로 소용이 없다고 생각하기 때문이라고 본다. 우리는 꽤 자주 그렇게 생각한다. 단지 말을 안 할 뿐이다.

그런 생각을 하게 되는 과정은 다음과 같다. 때로 기도하면 이루어질 때가 있다(너무 좋다). 그런데 기도하는 것을 잊었는데도 상관없이 원하는 일이 이루어진다(좋기는 하지만 '기도가 꼭 필요하다'라는 전제가 무너지기 시작한다). 반대로, 열심히 기도하지만 아무런 변화가 나타나지 않을 때가 있다(최악의 경우이다).

그러다 보면 점점 이런 생각을 하게 된다. "내 기도와 상황의 변화 사이에 실질적으로 무슨 연관이 있는지 잘 모르겠어. 때로 하나님이 기도하지 않은 일을 들어주시고 정작 기도한 일은 들어주시지 않으니까 말이야. 기도해 봐야 소용이 없는 것이 아닌가 싶어. 혹시 하나님이 계시더라도 내 기도와 상관없이 행동하시는 것 같아."

그래서 우리는 기도를 멈춘다. 나아가, 조용히 혹은 요란하게 신앙을 버리기도 한다(당신이 이 경우라면 이 책을 집고 펴서 읽어 주어서 너무 고맙다). 하지만 대부분의 경우는 그냥 기도하지 않는, 혹은 거의 기도하지 않는 크리스천으로 남는다.

믿지 않을지 모르지만 예수님은 우리의 이런 문제를 잘 알고 계셨다. 놀랍게도 예수님은 우리의 의심을 털어 놓기에 가장 안전한 분이다. 제자들이 기도하는 법을 알려 달라고 했을 때 예수님이 먼저 몇 가지 지침(이에 관해서는 4장과 5장에서 살펴보자)을 알려 주신 후 과연 기도가 소용이 있는지에 관한 제자들의 의심을 다루셨다는 사실을 보면 알 수 있다(눅 11:1). 만약 나라면, 이 정도 제자 훈련을 받은 이가 기도의 효능에 관해 아직도 의심을 품고 있다면 호되게 꾸짖고 쫓아낼 것이다. 하지만 예수님은 제자 훈련의 가장 고급 단계를 밟고 있는 제자들에게도 기꺼이 이 문제를 다시 다루어 주신다.

뻔뻔스러울 정도의 대담함

예수님은 항상 그러셨던 것처럼 이해하기 쉽게 말씀하신다. 예수님은 한밤중에 친구를 찾아가 이렇게 말하는 사람을 상상해 보라고 하신다. "벗이여, 떡 세 덩이를 내게 꾸어 달라 내 벗이 여행 중에 내게 왔으나 내가 먹일 것이 없노라"(눅 11:5-6). 이는 21세기에도 난처한 상황이지만 1세기 유대에서는 더 난감한 상황이다. 당시에는 24시간 편의점이나 테이크아웃 전문점 따위는 없었다. 새벽 배달 전문점도 없었다. 갑자기 찾아온 손님을 대접할 음식이 없다면 주인과 손님은 모두 불쾌한 기분으로 잠을 설칠 수밖에 없었다.

하지만 상황이 단순하지 않다. 이 사람은 한밤중에 음식을 요청한다. 이번에도 무대가 1세기 유대라는 점을 잊지 말라. 당시에는 전깃불이 없던 시대이다. 그래서 해가 저물면 다들 잠자리에 들었다. 따라서 여기서 '한밤중'은 현대인들의 경우처럼 잠자리에 들기 1-2시간 전을 의미하지 않는다. 말 그대로 모두가 잠든 깜깜한 밤을 의미한다. 잠이 든 지 한참이 지난 시간이었을 것이다. 이 사람이 문을 두드릴 때 이웃은 이미 잠이 든 지 4시간이 족히 지났을 것이다. 렘수면에 푹 빠져들었는데 난데없이 소음이 나기 시작한다. 이웃의 대답이 퉁명스러운 것도 무리는 아니다. "나를 괴롭게 하지 말라 문이 이미 닫혔고 아이들이 나와 함께 침실에 누웠으니 일어나 네게 줄 수가 없노라"(눅 11:7).

"아이들이 나와 함께 침실에 누웠으니"라는 부분을 놓치지 말라. 당시에는 대부분의 사람들이 방 하나짜리 집에서 살았다. 온 가족이 하나의 방에서 잠을 잤다. 따라서 시끄럽게 문을 두드리면 아버지만 잠에서 깨는 것이 아니었다. 아이들까지 포함해서 온 가족이 깨어날 수밖에 없었다. 그러니 부모라면 극도로 짜증이 날 수밖에 없는 상황이다. 온 가족을 다시 재우려면 몇 시간이 걸릴 수도 있기 때문이다. 밖에서 문을 두드리는 남자는 "벗"이라고 말하지만 이 순간 둘 사이의 우정은 살얼음판을 걷고 있다.

게다가 목숨이 위태로운 상황도 아니었다. 물론 1세기에는 손님 접대가 지금보다 훨씬 중요했다. 손님을 배불리 먹이지 못하면 체면을 심각하게 구길 수밖에 없었다. 하지만 이웃집 가족들을 모조리 깨울 만큼 시급한 상황은 아니었다. 누가 죽어가는 상황이 아니었다. "아내가 계단에서 굴러 떨어졌네. 지금 머리에서 피가 철철 나고 있어." 이런 상황이 전혀 아니었다. 훨씬 가벼운 상황이었다. "친구, 방금 예고 없이 손님들이 찾아왔는데 집에 빵이 떨어졌지 뭔가. 좀 빌려 줄 수 없겠나?"

생사의 문제가 아니었다. 그냥 좀 난처한 상황이었을

뿐이다.

마지막으로, 이 사람의 요구는 과했다. 많은 사람이 놓치는 부분은 당시에는 빵 덩어리의 크기가 꽤 컸다는 사실이다. 한 덩어리면 대식구가 하루 종일 먹고도 남을 정도의 크기이다. 그런데 이 사람은 빵을 세 덩어리나 요청하고 있다.

이튿날 먹을 풍족한 음식을 준비해 둔 가족들과 단잠을 자던 남자는 어떻게 반응할까? 예수님은 이렇게 말씀하신다. "비록 벗 됨으로 인하여서는 일어나서 주지 아니할지라도"(눅 11:8). 솔직히 이 정도면 이제 이웃은 이 사람을 더 이상 벗으로 생각하지 않을 가능성이 높다. 이웃은 우정 때문에 잠자리에서 일어나지 않는다. 하지만 예수님은 그가 결국 일어난다고 말씀하신다. 왜일까? 그것은 문을 두드리는 남자의 "간청함" 때문이다(눅 11:8).

일부 역본들은 "간청함"을 '대담함' 혹은 '뻔뻔스러움'으로 번역한다. 대담하고 뻔뻔스럽게 문을 두드리는 것으로 인해 이 사람의 요구를 들어준다. 이 사람은 한밤중에 친구의 집에 찾아가 문이 열릴 때까지 두드리는 뻔뻔함 덕분에 결국 빵을 얻을 수 있었다. 불이 꺼져 있어도 집안에 사람들이 있다는 것을 알기에 포기하지 않았다. 집안에 있는 사람들이 잠자기를 포기하고 일어나서 필요한 것을 주기 전까지는 밤새 문을 두드릴 참이었다.

예수님의 요지는 무엇일까? 이 이야기는 기도에 관한 이야기이다. "구하는 이마다 받을 것이요 찾는 이는 찾아낼 것이요 두드리는 이에게는 열릴 것이니라"(눅 11:10). 그리고 그 의미는 분명하다. 하나님은 물불을 가리지 않고 끝까지 끈질기고도 대담하게 기도하는 사람에게 필요한 것을 주신다. 다시 말해, 하나님은 그분을 귀찮게 할 만큼 대담한 사람에게 기꺼이 능력을 보여 주신다. 이것은 내 말이 아니라 예수님의 말씀이다.

기도하라, 항상

제자들은 이 교훈을 배우는 데 애를 먹었던 것으로 보인다. 누가복음 7장 후반에서 누가는 예수님이 사실상 똑같은 이야기를 다시 하시는 장면을 보여 준다. 나로서는 이 점이 꽤 위로가 된다. 예수님의 교회를 책임질 리더들이 목회 훈련을 한참 받은 뒤에도 기도의 기제에 관해서 반복해서 배워야 했던 것이 떠올랐다.

그리고 누가가 두 이야기를 모두 자신의 복음서에 넣은 것은 우리도 기도의 교훈을 쉽게 배우지 못할 줄 알았기 때문이라고 확신한다. 누가는 "항상 기도하고 낙심하지" 않는 것이 어렵다고 말한다(눅 18:1).

두 번째 이야기도 기본적으로 같은 요지를 전하고 있지만 몇 가지 세부적인 면들에서 다르고 그 부분들이 알려 주는 바가 있다. 이번에는 한 과부가 요청한다. 과부는 "내 원수에 대한 나의 원한을 풀어"주기를 원하고 있다. 이 요청을 듣는 사람은 "하나님을 두려워하지 않고 사람을 무시하는 한 재판관"이다. 이런 형편없는 재판관이 왜 이 과부의 요청을 들어줄까? 이 재판관이 말하는 이유는 "이 과부가 나를 번거롭게 하니"다.

이야기의 의미가 이해가 되는가? 이 비유에서 우리는 과부이고 하나님은 재판관이다. 그렇다. 예수님의 비유에서 이 불의하고 이기적인 재판관은 하나님을 의미한다. 하지만 여기서 예수님의 목적은 하나님을 불의한 재판관에 비교하는 것이 아니라 대조시키는 것이다. 그리고 요지는 이렇다. 불의하고 이기적인 재판관도 끈덕진 요청을 들어주는데 하물며 세상의 완벽한 재판관이신 분, 우리의 머리카락의 개수까지도 아시는 하늘 아버지께서는 자녀의 요청을 얼마나 더 기꺼이 들어주시지 않겠는가.

다시 말해, 우리가 기도의 효과가 없다고 생각하는 것은 너무 빨리 포기하기 때문이 아닐까? 하나님이 우리의 기도를 듣지 않으시는 것처럼 보이는 이유는 우리가 귀찮게 조르기를 기다리고 계시기 때문은 아닐까?

(다소 비현실적인) 이 두 비유는 기도에 관한 세 가지 중요한 사실을 가르쳐 준다. 그것은 기도가 절박하고 대담하고 끈질겨야 한다는 것이다. 우리가 이 세 가지 진리를 이해하면 기도의 열정에 다시 불이 붙으리라 확신한다.

절박하게 기도하라

이야기 속의 두 주인공은 절박했다. 둘 다 다른 선택의 길이 없었다. 다른 방법이 있다면 기꺼이 그 방법을 선택했을 것이다. 하지만 음식을 준비하지 못한 주인은 그 늦은 시각에 달리 음식을 구할 곳이 없었다. 억울한 일을 당한 과부도 달리 호소할 곳이 없었다. 기댈 남편도 연금도 부자 친구들도 없었다. 재판관이 그 과부의 유일한 희망이었다.

우리가 기도하지 않는 이유 중 하나는 아주 단순하다. 우리가 하나님의 도우심을 얼마나 절실히 필요로 하는지를 깨닫지 못하기 때문이다.

특히 미국에서 사는 사람들에게는 '할 수 있다'(can-do)는 정신이 뼛속까지 스며들어 있다. 우리는 충분한 시간만 주어지고 충분한 노력만 하면 무슨 문제든 해결할 수 있다고 생각한다. 그래서 미국인이 아메리칸트(Ameri-can't)가 아닌 아메리칸(Ameri-can)이라는 우스갯소리도 있다(미국인이 아닌 사람들은 그냥 무시하고 넘어가도 좋다). 미국인들은 문화적으로 DIY 민족이다. 미국 최대 가구 기업은 "당신 스스로 할 수 있다"라는 표어를 내세운다. 오바마(Obama) 대통령은 "그렇다, 우리는 할 수 있다"라는 슬로건으로 대선에 출마했다. 존 F. 케네디(John F. Kennedy)는 우리가 달에 가지 못하도록 막는 유일한 것은 달에 가지 않겠다는 우리의 결정이라는 유명한 말을 했다.

이런 낙관론과 혁신의 정신은 삶에 도움이 될 때가 많

다. 자신을 믿고서 과감히 난관에 부딪혀 극복해 내는 것은 건강한 반응이다. 하지만 영적인 일에서는 이런 정신이 절대적으로 해롭다. 그것은 예수님이 "나를 떠나서는 너희가 아무것도 할 수 없음이라"라고 말씀하셨기 때문이다(요 15:5). 기도하지 않는 것은 예수님의 이 말씀을 마음 깊은 곳에서 믿지 않기 때문이다. 《일상 기도》(A Praying Life)의 저자 폴 밀러(Paul E. Miller)에 따르면 우리가 기도하지 않는 이유는 "시간과 돈과 재능만 있으면 뭐든 극복할 수 있다고 내심 확신하기" 때문이다.[1]

물론 대놓고 이렇게 말하지는 않는다. 하지만 속으로는 이렇게 생각할 때가 많다. 우리는 기도하지 않는 데 대해서 너무 피곤하거나 너무 바쁘다는 핑계를 댄다. 하지만 사실은 기도할 필요가 없다고 생각하는 것이 원인이다. 우리는 충분한 시간과 돈과 재능만 있으면 인생의 어떤 실타래도 풀어낼 수 있다고 자신한다. 인생의 난관이 그 환상을 깨뜨리기 전까지는 그렇게 자신한다.

나의 경우, 내 DIY 정신을 무너뜨린 것은 자녀였다. 17년 전 처음 부모가 되었을 때 양육에 관한 책이란 책은 모두 섭렵했다. 그것은 기독교 양육의 전문가가 되면 자녀가 반듯하게 자랄 확률이 100퍼센트라고 확신했기 때문이다 (부모들의 웃는 소리가 귀에 쟁쟁하다).

이런 생각을 깨뜨린 책은 엘리스 피츠패트릭(Elyse Fitzpatrick)의 *Give Them Grace*(그들에게 은혜를 베풀라)였다. 피츠패트릭은 대부분의 기독교 양육서가 이런저런 것을 하면 아이들이 잘 자랄 것이라는 (대개는 암묵적인, 때로는 공공연한) 철학을 바탕으로 하고 있다는 점을 지적한다. "바로 이것이 내가 찾는 것이야. 제발 내가 해야 할 것을 알려 줘. 뭐든 할 준비가 되어 있으니까 뭐든 말만 해."

하지만 이어서 피츠패트릭은 이 접근법의 문제점을 폭로한다. 생각해 보라. 하나님은 완벽한 아버지이다. 그런데도 그분이 지으신 천사들 중 3분의 1이 반역을 했다(계 12:4 참조). 그분이 직접 지으신 유일한 두 명의 인간도 모두 반역을 했다. 그는 이 점을 지적하면서 내가 내 기술과 원칙으로 하나님보다 나은 부모가 될 수 있느냐고 묻는다.

피츠패트릭은 우리 스스로 자녀를 잘 양육할 수 있다는 생각의 정말 큰 위험은 우리가 절실히 필요로 하는 것에서 멀어지게 만든다고 주장한다. 바로, 우리는 매일 하나님 앞에 무릎을 꿇고 부모로서 우리가 할 수 없는 것을 하나님께

해 달라고 간청하는 시간이 꼭 필요하다. 피츠패트릭은 이렇게 결론을 내린다. "기도할 때 내 양육은 최상의 결과로 이어졌다."

성경은 "무릇 사람을 믿으며 육신으로 그의 힘을 삼고 마음이 여호와에게서 떠난 그 사람은 저주를 받을 것이라"라고 말한다(렘 17:5). 즉 이 구절을 통해 어떤 기술이나 원칙으로 건강한 영적 삶이 보장된다는 생각이 바로 사람을 믿는 행위임을 알게 된다. 예수님은 원칙들을 가르침으로써 우리를 구원하시지 않았다. 예수님은 부활의 능력을 제시함으로써 우리를 구원하셨다. 예수님은 우리에게 삶의 매뉴얼을 주고서 그 매뉴얼대로 살라고 명령하기 위해 이 땅에 내려오신 것이 아니다. 예수님은 성령님이 우리 안에서 그리고 우리를 통해 살게 하시기 위해 오셨다. 원칙들을 터득하고서 그 원칙들에 생명을 더해 주는 관계를 잊어버린다면 얼마나 안타까운 일인가! 사도 바울은 이런 상황에 대해 "경건의 모양은 있으나 경건의 능력은 부인하니"라는 표현을 사용했다(딤후 3:5).

원칙들이 중요할까? 물론이다. 원칙들도 열심히 배워야 한다. 하지만 무엇보다도 기도로 하나님의 자비를 의지하

라. 나, 가족, 교회, 사회를 위한 유일한 소망은 오직 하나님의 은혜에 있다. 우리의 노력이나 능력에 있지 않다. 우리의 기법이나 성경적 원칙들에 있지도 않다. 십중팔구 당신은 이 말에 고개를 끄덕이고 있을 것이다. 하지만 이것을 진정으로 믿는가?

왜냐하면 이것을 진정으로 믿으면 기도하고 또 기도할 것이기 때문이다. 가장 원하는 것을 스스로 얻을 수 없음을 알기에 기도에 절박감이 더해진다. 이 깨달음은 나와 아내 베로니카(Veronica)를 그 어떤 원칙이나 훈련보다도 기도의 자리로 이끌었다. 그 전까지만 해도 함께 꾸준히 기도하기가 힘들었다. 하지만 지금 우리 부부에게는 4명의 자녀가 있고, 그중 3명이 십대이다. 그래서 우리 부부는 항상 함께 기도한다. 이것은 의지가 아니라 절박감에서 비롯되었다. 나의 십대 자녀들은 매우 똑똑하지만 성숙하지는 못하다. 기도만이 우리의 유일한 소망이다.

그러니 당신도 하나님이 당신에게 얼마나 필요한지 곰곰이 생각해 보라. 절박감이 들 때까지 생각해 보라. 그러면 기도하고, 분명 그것도 주기적으로 기도하게 될 것이다. 굳이 기도 시간을 늘리려고 애쓸 필요는 없다. 기도에 관해서 내가 가장 존경하는 사람 중 한 명은 평생 20분 이상 기도해 본 적이 한 번도 없다고 말했다. 하지만 이어서 그는 기도하지 않고 20분 이상 지난 적이 한 번도 없다고 덧붙였다.

왜일까? 그것은 20분 동안 하나님의 도우심이 절실히 필요하지 않은 경우가 없다는 것을 알았기 때문이다. 그는 하루 종일 문을 두드렸다. 우리도 그렇게 할 수 있고, 그렇게 해야만 한다.

대담하게 기도하라

예수님의 이야기 속 인물들은 절박하기만 한 것이 아니라 대담했다. 굶주린 이웃은 세 덩이의 빵을 요청했다. 그는 '반쪽만 구하면 얻을 가능성이 높아질 거야'라고 생각하지 않았다. 오히려 그는 크게 구했다.

과부는 알지도 못하는 재판관, 심지어 백성들의 아픔에 관심도 없는 재판관에게 억울함을 풀어 달라고 요청했다. 하지만 그녀는 '그 재판관은 부자들도 공정하게 대하지 않아. 그런 마당에 나처럼 하찮은 사람에게 신경이나 쓰겠어? 괜한 헛수고는 하지 말자'라고 생각하지 않았다. 오히려 그녀는 크게 구했다.

혹시, 오해할지 몰라서 말하면 예수님은 하나님이 그 재판관이나 친구와 같다고 말씀하시지 않았다. 하나님은 인색하지도 불의하지도 않으시다. 예수님은 하나님이 그들보다 낫다고 말씀하신 것이다. 이 이기적인 사람들도 필요한 것을 주었다면 하늘 아버지는 얼마나 더 기꺼이 주시겠는가.

생각해 보라. 과부는 일면식도 없는 사람으로서 재판관을 찾아갔지만 우리는 사랑받는 자녀로서 하나님께 나아간다. 과부는 법정에서 내세울 것이 하나도 없었지만 우리는 그리스도의 피를 가지고 있다. 과부는 정의나 불쌍한 백성들에게 아무런 관심도 없는 재판관에게 호소했지만 우리는 우리를 너무 아끼셔서 하나님 나라의 부를 우리와 나누고자 재판관의 자리에서 나와 십자가에 달리심으로 정의 요구를 충족시키신 분께 호소한다. 우리는 잠에 빠진 친구에게 말하지 않는다. 우리는 졸지도 않으시며 우리의 모든 필요를 아시는 분께 요청한다. 우리는 부엌에 있는 떡만이 아니라 자신의 찢어진 살이라는 떡을 주시는 친구에게 말한다.

우리가 누구이며 누구에게 요청을 하는 것인지를 알면 대담하게 기도할 수밖에 없다. 크게 기도하게 된다. 관계가 가까울수록 요청은 대담해지기 마련이다.

누가 내게 대담하게 요청하고, 내가 그 요구를 무조건 들어주는지 아는가? 바로, 우리 아이들이다. 만약 당신이 새벽 3시에 우리 집에 찾아와 나를 깨우며 "물 좀 얻어 마실 수 있을까요?"라고 말한다면 우리 둘 중 하나는 감옥이나 병원 신세를 지게 될 것이다. 솔직히, 아내가 나를 깨워 물을 달라고 해도 나는 직접 가져다 먹으라고 정중히 말할 것이다.

지금까지 우리 아이들이 수없이 한밤중에 나를 깨워 "아빠, 목말라"라고 말했는데, 그때마다 나는 "저 옆에 누워 있는 엄마를 깨우렴"이라고 말했다. 물론 농담이다. 매번 나는 벌떡 일어나 물을 떠다 주었다. 우리 아이들은 필요한 것이 있을 때마다 내게 대담하게 요청한다. 아이들은 내가 기꺼이 도와주고 또 도와줄 수 있다는 절대적인 확신으로 나를 찾아온다. 하나님은 바로 이런 태도로 그분을 찾아오라고 말씀하신다. 대담하게 요청하라고 말씀하신다. 아빠가 무조건 도와줄 줄 알고서 필요한 것이 있으면 한밤중이든 상관없이 마음껏 아빠의 방문을 여는 아이들처럼 다가오라고 말씀하신다.

실제로 예수님은 친구를 깨워 떡을 요청하는 남자에 관한 이야기를 하신 후 이 요지를 더 분명히 전달하기 위해 부모-자식 관계의 비유를 사용하신다.

"너희 중에 아버지 된 자로서 누가 아들이 생선을 달라 하는데 생선 대신에 뱀을 주며 알을 달라 하는데 전갈을 주겠느냐 너희가 악할지라도 좋은 것을 자식에게 줄 줄 알거든 하물며 너희 하늘 아버지께서 구하는 자에게 성령을 주시지 않겠느냐"(눅 11:11-13).

본문에서 왜 예수님이 부모들에 대해 '악한'이란 표현을 사용하셨을까? 이것은 부당한 모욕이 아닌가? 아니면 인간의 전적 타락을 말씀하신 것인가?

그렇지 않다. 본문에서 예수님은 하나님이 항상 우리의 간구를 들으신다는 점을 강조하기 위해 우리를 하늘 아버지와 대조시키신 것이다.

실제로 대부분의 부모들은 자녀에게 최선을 다한다. 자녀에게 물질과 시간과 마음을 다 쏟는다. 다른 사람들에게 인색한 사람일지라도 자녀에게 인색한 사람은 거의 없다. 예수님은 '악한', 즉 흠이 많고 죄로 얼룩진 인간 부모들도 자녀의 필요를 채워 주길 원하는데 완벽하신 하늘 아버지는 당연히 우리가 나아올 때마다 필요한 것을 주신다고 말씀하신다.

부유하고 후한 아버지께 구하라

 기도 실패의 주된 원인은 너무 많은 것을 요구하기 때문이 아니라 오히려 우리 하늘 아버지의 사랑을 너무 작게 생각하기 때문이다. 요한복음 15장에서 예수님은 우리의 기도를 통한 하나님의 목적은 스스로 영광을 받으시는 것이라고 말씀하신다. 기도 응답을 통해 그분의 능력과 후하심이 얼마나 큰지를 똑똑히 보여 주는 것보다 그 목적을 이루는 데 더 좋은 방법이 있을까?
 겨우 20대에 미국 땅의 3분의 2 크기에 해당하는 제국을 건설한 알렉산더 대왕에 관한 흥미로운 이야기를 소개한다(갑자기 내 인생이 초라해 보인다). 말년(32세, 적어도 이 부분에서는 내가 이겼다)에 이르러 그의 휘하 장수들 중 한 사람이 그를 찾아와 말했다. "폐하, 저는 폐하를 오랫동안 충성스럽게 섬겼습니다. 그동안 한 번도 청을 드린 적이 없는데 이제 청이 하나 생겼습니다.

"그것이 무엇이오?" 젊은 황제가 물었다.

"제 딸의 혼인 비용을 지원해 주십시오."

"좋소. 장군은 오랫동안 나를 충성스럽게 섬겼으니 내기꺼이 혼인식 비용을 지원해 주겠소. 내 재무 담당자에게 가서 말하시오."

며칠 뒤 재무 담당자가 심각한 얼굴로 알렉산더를 찾아왔다. "폐하, 그 장군을 벌하셔야 마땅합니다. 폐하를 이용하고 있습니다. 제국 역사상 가장 사치스러운 혼인식을 벌이려고 하고 있습니다. 온 사람들을 다 초대했지 뭡니까? 폐하의 후하심을 이용하고 있습니다. 벌하셔야 마땅합니다."

알렉산더는 잠시 생각에 잠겼다가 이렇게 대답했다고 한다. "아니오. 장군이 요청하는 것을 다 들어주시오." 놀란 재무 담당자는 이유를 물었다. 이에 알렉산더는 이렇게 대답했다. "그것은 장군이 두 가지 면에서 내 마음을 흡족하게 했기 때문이오. 첫째, 그는 내가 그 모든 비용을 대고도 남을 만큼 부유하다고 생각하고 있소. 둘째, 내가 그 모든 비용을 지원해 줄 만큼 후하다고 생각하고 있소. 그는 나를 부유하고 후한 황제로 보고 있소. 그러니 그의 요구를 들어줄 것이오. 그는 나를 그만큼 대단하게 보고 있소."

알렉산더는 겨우 몇 년간 이 세상의 2백만 평방마일 정도를 다스렸지만 하나님은 이 세상 전체를 창조하셨고 영원히 다스리신다. 하나님의 피조 세계를 둘러보라. 그 장군이 알아보았던 알렉산더의 부보다 훨씬 더 큰 하나님의 부에 관한 증거가 사방에 널려 있다. 그리고 십자가를 바라보라. 하나님이 원수들을 그분께로 회복시켜 그분과의 교제를 영원히 누리게 하시려고 아들을 주신 사건을 기억하라.

자, 이제 묻고 싶다. 하나님이 무한히 부요하고 무한히 후하다고 진정으로 믿는다면 당신의 기도가 어떠해질까? 무엇보다도, 대담해질 것이다.

끈질기게 기도하라

예수님의 비유에서 그 친구와 재판관이 요청을 들어준 이유는 상대방의 끈질김 때문이었다. 그것은 그들의 "간청함"(눅 11:8)과 "늘 와서" 귀찮게 했기 때문이었다(18:5).

기억하는가? 초대 교인들이 바로 이렇게 기도했다. 사도행전 11장에서 베드로가 투옥되었을 때 교인들은 그의 석방을 위해 밤새도록 기도했다. 그들은 베드로를 위해 한 차례의 기도회만 가진 뒤에 각자 집으로 돌아가 하나님이 주권적이시며 어떻게 모든 상황에서 영광을 받으시는지에 관한 책을 읽지 않았다. 그들은 베드로가 석방될 때까지 기도하고 또 기도하고 또 기도했다. 바울은 "육체에 가시"를 없애 달라고 끈질기게 기도했다. 마침내 하나님이 천사를 보내셔서 그 가시를 없애는 것이 그분의 뜻이 아님을 알려 준 후에야 기도를 멈추었다(고후 12:7-9).

여기서 요지는 충분히 오랫동안 기도하면 우리가 요청한 것을 그대로 받도록 하나님을 조종할 수 있다는 것이 아니다. 때로 하나님은 바울에게처럼 더 좋은 계획이 있을 때 우리의 기도를 들어주시지 않는다. 예를 들어, 나사로가 중

병에 걸렸을 때 마르다와 마리아는 예수님께 사람을 보내어 속히 와서 치유해 달라고 부탁했다. 하지만 예수님은 그 요청대로 하지 않으셨고 결국 나사로는 죽었다. 그것은 예수님의 더 큰 계획이 있었기 때문이다(요 11:1-44).

요지는 위대한 성도들은 그만 기도하라는 말을 들어야 할 만큼 끈질기게 기도한 반면, 우리는 그들보다 훨씬 빨리 기도를 멈추는 바람에 하나님의 응답을 놓칠 때가 많다는 것이다. 결국 이것도 우리의 기도가 좋은 부모를 향한 자녀의 태도를 닮아야 한다는 뜻이다. 즉, 끈질기게 기도해야 한다. 우리 아이들은 "안 돼"라는 답을 도무지 받아들이지 않는다. 오히려 그것을 더 조르라는 뜻으로 해석한다.

누가복음 11장에서 예수님은 하나님의 통치에 관한 모든 신비를 풀어 주려고 하시지 않는다. 단지 "기도하는 법을 물었으니 알려 주겠다. 그만두어야 한다는 절대적인 확신이 들 때까지 기도를 멈추지 말라"라고 말씀하신다. 하나님은 끈질긴 기도에 응답하신다.

끈질김의 이유, 유일한 소망되신 아버지

왜 하나님은 이런 방식으로 역사하실까? 왜 우리가 끈질기게 요청할 때까지 응답을 보류하실까? 어차피 주실 생각이시라면 우리가 처음 요청할 때 주시면 얼마나 좋은가! 다음 장에서 이 문제에 관해 자세히 파헤치겠지만 일단 나도 정확히는 모른다는 말을 하고 싶다. 하지만 추측해 볼 수 있다. 내가 내린 결론 중 하나는 하나님이 우리의 끈기를 통해 영광을 받으신다는 것이다. 왜일까? 끈질기게 요청한다는 것은 하나님만을 의지한다는 뜻일 수 있기 때문이다.

다시 두 가지 이야기에 관해서 생각해 보자. 친구의 집 문을 두드리는 남자는 포기하지 않았다. 그는 포기하고 다른 곳으로 가지 않았다. "좋아. 네가 깨어나지 않아도 상관없어. 친구가 너뿐인 줄 알아? 다른 친구들도 많아. 네가 나오지 않아도 다른 친구가 내 부탁을 들어줄 거야." 남자는 그렇게 말하지 않았다. 과부도 "치사해서 다른 재판관을 찾아가고 말지!"라고 하지 않았다. 그들은 희망이 단 하나뿐임을 알았다. 한 사람에게만 희망이 있었기 때문에 끝까지 물고 늘어졌다.

끈질기게 기도하는 것은 하나님에 대해 이와 똑같은 확신을 드러내는 것이다. "하나님만이 저를 도우실 수 있는 유일한 분입니다. 저는 달리 의지할 곳은 없습니다. 당신이 저의 유일한 소망이시기에 이 자리에서 꿈쩍도 하지 않겠습니다."

한두 번 기도하는 것으로는 이런 확신을 증명해 보일 수 없다. 끈질긴 기도만이 그런 마음의 확신을 드러냄으로써 하나님을 영화롭게 할 수 있다. 바로 이것이 하나님이 끈질긴 기도에 기뻐하시고 기꺼이 응답하시는 이유가 아닐까.

16세기의 위대한 종교 개혁자 마르틴 루터(Martin Luther)는 이런 상황에 관한 좋은 비유를 내놓았다. 그는 자녀가 원하는 것을 손에 쥔 부모가 자녀의 결심을 시험하기 위해 그 손을 풀지 않는 모습을 상상했다. 마찬가지로 하나님은 그분만이 주실 수 있는 복을 받겠다는 결단을 통해 우리의 믿음을 시험하신다.

따라서 기도하고 또 기도했는데 아직 응답을 받지 못했다면 포기하지 말고 계속해서 기도하라. 기도를 해도 응답이 오지 않아 실망했는가? 다시 기도하라. 멈추지 말라. 계속해서 두드리라. 나는 20년 가까이 목회를 하면서 마지막 순간에 응답을 받은 믿음의 사람들을 정말 많이 보았다. 그들은 불가능해 보이는 것을 놓고 수년간 기도했는데, 내내 아무런 응답이 없다가 마지막 순간에 놀라운 변화가 찾아왔다. 그들의 이야기를 다 하려면 책 한 권을 써도 모자랄 것이다. 그들은 하나님만이 자신들의 유일한 소망이심을 기도로 증명해 보였다. 그리고 하나님은 그들의 기도에 응답하셨다.

이것이 하나님이 역사하시는 주된 방식이다. *Power Through Prayer*(기도를 통한 능력)은 기도란 주제에서 역사상 가장 영향력 있는 책 가운데 하나이다. 이 책에서 19세기 전도자이자 고아원 설립자인 조지 뮬러(George Mueller)는 5명의 젊은이(아들 중 한 명의 친구들)의 구원을 위한 기도를 작정한 이야기를 전해 준다. 그는 5명이 모두 예수님을 영접할 때까지 하루도 쉬지 않고 기도하기로 작정했다. 그리고 18개월 만에 한 사람이 예수님을 영접했다(18개월은 정말 긴 시간이다. 당신은 한 가지 제목을 놓고 500일이 넘게 매일 기도해 본 적이 있는가?)

첫 번째 친구가 구원을 받았을 때 뮬러는 일기장에 하

나님께 감사하지만 4명이 더 남았으니 계속해서 기도할 것이라고 썼다. 다시 5년이 흘러 두 번째 친구가 그리스도께 나아왔다. 그 뒤로도 뮬러는 계속해서 기도했다. 다시 6년 뒤, 세 번째 친구가 그리스도를 영접했다. 그래도 뮬러는 계속해서 기도했다. 36년 뒤, 노인이 된 뮬러는 일기장에 아직 회심하지 않은 나머지 2명의 친구에 관해서 이렇게 썼다. "하나님께 소망을 두고 계속해서 기도하리라. 응답을 구하리라." 세 번째 친구가 회심한 지 52년 만에 결국 마지막 두 사람도 그리스도를 영접했다.

뮬러는 "항상 기도하고 낙심하지 말아야" 한다는 예수님의 가르침을 마음 깊이 새겼다(눅 18:1). 포기하지 말라. 멈추지 말라. 끈질기게 기도하라.

기도했다면, 지켜보라

첫 질문으로 돌아가 보자. 우리의 기도가 실제로 소용이 있을까? 기도하면 정말로 상황이 변할까?

예수님이 가르치신 대로 절박하고 대담하고 끈질기

게 기도하면 그렇게 된다. 20세기 저자 G. K. 체스터턴(Chesterton)은 세상이 기독교를 받아들이지 않는 것은 시도해 봤다가 소용이 없다고 판단해서가 아니라 어렵다고 생각해서 아예 시도하지 않기 때문이라는 말을 했다. 기도에 대해서도 마찬가지라고 생각한다. 대개 우리의 문제는 절박하고 대담하고 끈질기게 기도해 보고 나서 소용이 없다고 판단하는 것이 아니라 애초에 그렇게 기도하지 않는 것이다.

하지만 예수님은 우리가 이렇게 기도할 때 하늘 아버지가 반드시 응답하신다고 약속하신다. 예수님은 이 점을 더없이 분명하게 밝히셨다.

이제 꽉 막힌 출근길에서 회사에 지각하지 않게 해 달라는 기도, 딸애가 시험을 잘 보게 해 달라는 기도, 그냥 "우리와 함께해 주세요"라는 기도와 함께 크고 대담한 기도를 하라. 훈련으로서가 아니라 절박감에서 비롯한 기도를 하라. 끊임없이 기도하라. 하나님께서는 당신의 기도를 통해 이 세상에서 크신 역사를 행하실 것이기 때문이다. 그러니 기도하라. 그러고 나서 응답이 나타나는지 유심히 지켜보라. 바울은 "기도를 계속하고 기도에 감사함으로 깨어 있으라(주의 깊게 지켜보라)"라고 말한다(골 4:2).

혹시 하나님이 이미 우리의 기도에 응답해 주셨는데 우리에게 그것을 볼 눈이 없었던 것은 아닐까? 예수님이 가르쳐 주신 대로 기도하고 응답을 기대하며 주의 깊게 지켜보면 아버지가 이미 응답해 주신 것들에 대한 감사가 넘쳐날 것이다. 기도를 통해 하나님은 우리의 기도가 그분의 은혜로 세상을 변화시킨다는 사실을 가르쳐 주신다. 그때 우리는 더 힘써 기도하게 된다. 더 절박하고 더 대담하고 더 끈질기게 기도하게 된다. 우리 기도의 가장 큰 응답은 하나님이 더 열심히 기도할 열정을 일으키심을 경험하는 것이다.

CHAPTER 2

왜
내 기도에는
응답하시지
않을까?

혹시 앞 장을 읽고도 여전히 하나님이 당신의 기도를 듣지 않으시는 것 같다는 생각을 떨쳐 버리지 못했는가? 절박하고 대담하고 끈질기게 기도했다. 포기하지 않았다. 하지만 여전히 응답 없는 침묵만 돌아오고 있는가. 나도 그런 경험을 아주 많이 했다는 말을 하고 싶다. 도움이 될까 싶어 말하자면, 역사상 위대한 크리스천들도 그런 경험을 했다!

영국이 낳은 위대한 학자 C. S. 루이스는 아내와 사별한 후에 쓴 《헤아려 본 슬픔》에서 하나님이 행복과 감사의 순간에는 너무나 가깝게 느껴지지만 다음과 같은 상황에서는 그렇지 않다고 한탄했다.

> "다른 모든 도움이 없는 절박한 상황에서 그분께 가면 무엇을 발견하게 되는가? 바로, 면전에서 쾅 닫히는 문과 안에서 빗장을 이중으로 거는 소리와 그 다음에는 침묵이다. 그냥 몸을 돌리는 편이 낫다. 오래 기다릴수록 침묵이 더 강하게 느껴진다. 창문에 불빛 한 점이 없다. 빈집인지도 모른다. 누가 살았던 집인가? 예전에는 그랬던 것 같다. 분명 그랬던 것 같다. 이것이 무슨 의미일까? 왜 하나님은 내가 번영할 때는 사령관으로서 늘 내 곁에 계시다

가 내가 힘들 때는 전혀 보이지 않고 전혀 도움을 주지 않으시는가?"[2]

이런 경험을 해 봤는가? 나는 해 봤다. 하나님이 우리가 원하는 응답을 주시지 않는 다섯 가지 성경적인 이유를 제시하고 싶다. 우리가 원하는 응답을 받지 못할 때마다 이 모든 이유가 작용한다는 뜻은 아니다(사실 이 모든 이유가 작용하는 것은 불가능하다). 단지 고려해야 할 몇 가지 이유를 제시하는 것 뿐이다.

기도가 원하는 대로 응답되지 않으면 고통스럽다. 하지만 침묵처럼 보이는 상황 속에 뭔가 하나님의 뜻이 있을 가능성을 생각하면 그 고통이 조금이나마 줄어들 수 있다. 나치 강제 수용소에서 살아나온 코리 텐 붐(Corrie ten Boom)은 그 목적을 알면 어떤 고난도 견딜 만해진다고 말했다!

당신은 진짜 크리스천인가?

가장 중요한 이유부터 생각해 보자. 스스로에게 물어보라. 과연 내가 진짜 크리스천인가? 부담스러운 질문인 것은 알지만 꼭 필요한 질문이다. 많은 사람이 성호를 그으며 기도하고 나서 응답을 받지 못하면 바로 하나님을 포기한다. 문제는 그들이 하나님의 자녀로서 기도하지 않는다는 것이다. 그들에게 하나님은 급할 때 지푸라기라도 잡는 심정으로 기대는 우주적인 힘일 뿐이다. 그들의 기도는 요술 램프를 문지르고 요정에게 소원을 비는 것과도 같다. 그들은 하나님께 자신을 온전히 바친 적이 없다.

기도 응답에 관한 하나님의 약속은 언제나 그분의 자녀들에게만 향하고 있다(시 66:19; 요 9:31). 성경 어디에도 하나님이 그분의 가족 밖에 있는 사람에게 기도 응답을 약속하신 구절은 없다. 기도 응답의 약속은 죄에서 돌아서서 그리스도를 영접한 사람, 십자가에서 완성된 그리스도의 사역에 따른 죄 용서를 받아들인 사람에게만 해당된다.

그렇다고 해서 하나님이 비신자들의 기도는 절대 응답해 주시지 않는다는 뜻은 아니다. 때로 하나님은 그들의 기도에도 응답해 주신다. 하나님은 연민과 은혜가 넘치시며, 뭐든 원하는 대로 하실 수 있기 때문이다. 성경은 하나님이 비신자들의 기도에 응답해 주신 일을 많이 기록하고 있다. 다만 하나님은 비신자들의 기도에 대해서는 응답을 약속하시지 않았다. 내가 우리 아이들을 특별히 책임지듯이 하나님이 그분의 백성들을 책임져 주신다.

이것을 배타적이거나 심지어 비열하게 여길 수도 있다. 하지만 오히려 정반대이다. 하나님은 모든 사람이 그분의 아들 예수님을 믿고 자녀가 되기를 원하시기 때문이다.

"영접하는 자 곧 그 이름을 믿는 자들에게는 하나님의 자녀가 되는 권세를 주셨으니"(요 1:12).

하나님은 배경, 과거, 흠, 개인적인 실수에 상관없이 그분의 제안을 받아들이기만 하면 누구나 가족으로 받아주신다. 그분의 제안은 더할 나위 없이 포괄적이다. 누구나 그분을 주님이요 구주로 받아들이면 자녀가 될 수 있다. 그렇게 되면 하나님은 다른 모든 자녀와 마찬가지로 그의 기도를 듣고 응답해 주시기 시작하신다.

당신이 기도에 관한 책을 집었다고 해서 무조건 당신을 크리스천으로 생각하지 않는다. 당신도 그렇게 속단하지 않기를 바란다. 교회에 가거나 도덕을 지키거나 좋은 부모가 되거나 윤리적인 일꾼이 된다고 해서 꼭 하나님의 자녀라고 말할 수 없다. 그리스도의 완성된 사역을 믿음으로 그분의 자녀가 되라는 하나님의 제안을 받아들일 때만 자녀가 된다. 따라서 무엇보다도 먼저 이 질문에 대해 분명한 답을 해야 한다.

하나님이 단순히 당신의 창조주요 심판관이며 힘들 때 도와주실 수 있는 분인가? 아니면 예수님을 통해 하나님이 당신의 주님이요 구주이며 아버지가 되셨는가?

하나님이 당신을 변화시키는 중인지도 모른다

하나님은 당신 안의 변화를 원하셔서 기도에 응답해 주시지 않는 것일 수 있다. 성경은 우리가 옳은 자세, 시각, 목적으로 나아오지 않아 하나님이 우리의 기도에 응답해 주시지 않을 수 있다고 분명히 말한다.

야고보는 이 점을 더없이 분명히 강조한다. 그는 왜 자신의 삶에 응답(복)이 가득하지 않은지 답답해하는 신자들에게 먼저 "너희가 얻지 못함은 구하지 아니하기 때문이요"라고 말한다(약 4:2). 하지만 계속해서 그는 구해도 받지 못할 수 있다고 말하며 그 이유를 다음과 같이 지적한다.

"구하여도 받지 못함은 정욕으로 쓰려고 잘못 구하기 때문이라"(약 4:3).

헬라어 원어로 "정욕"은 간음의 의미를 함축하고 있는 단어이다. 그렇다면 야고보는 이렇게 말하고 있는 것이다. "하나님이 너희의 기도에 응답하시지 않는 이유는 너희가 간음을 저지르는 사람처럼 기도하기 때문일 수 있다." 충격적인 말씀이다. 어떻게 하는 것이 간음을 저지르는 사람처럼 기도하는 것인가?

아내에게 이렇게 말하는 남자를 상상해 보라. "결혼하면 내 성적 요구를 들어준다고 약속한 것 기억하오?" 아내가 긴장한 표정으로 고개를 끄덕이자 남편이 계속해서 말한다. "지금 내 성적 요구는 당신의 친구를 만나는 것이오. 당신의 친구와 자리를 주선해 주겠소?"

아내가 이 요구에 응할 리는 없다. 아내는 간통을 용인하겠다고 맹세한 적이 없다. 아내는 부부 안에서만 성적 요구를 들어주겠다고 맹세했다.

하나님 안에서 찾아야 하는 만족을 다른 것에서 얻기 위해 요구하는 일이 바로 간음하는 사람처럼 기도하는 것이다. 우리가 직업, 건강, 배우자, 관계 회복에서 기쁨을 얻고자 구할 때 하나님은 이렇게 말씀하신다. "왜 내게서 기쁨을 찾지 않느냐?"

나는 부모가 엇나간 아들을 위해 수년간 기도했는데도 그 아들이 돌아오지 않는 경우를 적잖이 보았다. 그들은 10년 가까이 기도한 뒤에야 비로소 엇나간 사람이 아들만이 아니라는 사실을 깨달았다. 바로, 그들 자신도 엇나가 있었다. 그들에게 다루어야 할 영적 문제가 있었다. 그들 안에 하나님이 변화시켜 주셔야만 하는 부분들이 있었다. 만약 그들이 기도를 하고도 응답을 받지 못했다면 자신이 변화해야 할 필요성을 보지 못하고 그 변화를 이루어 달라고 하나님께 겸손히 요청하지 않아서 일 것이다. 그럴 경우, 한 번은 물론이고 수백 번을 기도해도 변화되기 전까지는 그 기도가 이루어지지 않을 수 있다.

그래서 응답되지 않은 기도는 우리를 정결하게 하기 위한 하나님의 방법인 경우가 많다. 기도가 응답되지 않을 때 우리가 응답을 원하는 이유를 물을 수밖에 없다. 그 이유를 보면 우리가 어디서 안전과 기쁨과 의미를 찾는지 확인할 수 있다. 하나님은 그분의 선하심을 보여 주는 유형의 것들을 우리의 삶 속에 가득 채워 주기를 원하신다. 하지만 그와 동시에 우리가 그런 것들을 하나님 안에서 찾기를 원하신다.

우리의 삶을 향한 하나님의 가장 큰 목적은 우리에게 뭔가를 주시는 것이 아니라 우리를 그리스도의 형상으로 빚어 가는 것이다. "우리가 알거니와 하나님을 사랑하는 자 곧 그의 뜻대로 부르심을 입은 자들에게는 모든 것이 합력하여 선을 이루느니라"(롬 8:28). 이는 성경에서 가장 유명한 구절 가운데 하나이다. 그것은 이 구절이 더없이 큰 위로가 되기 때문이다. 하지만 다음 구절을 읽고서 "선"이 무엇을 의미하는지 이해하면 큰 도전을 받게 된다.

"하나님이 미리 아신 자들을 또한 그 아들의 형상을 본받게 하기 위하여 미리 정하셨으니"(롬 8:29). 하나님이 우리의 삶 속에서 이루시는 가장 큰 선은 우리가 예수님을 닮는 것이다. 궁극적인 행복은 그리스도를 닮아갈 때 찾아온다. 하나님이 오늘 기도 응답을 보류하시는 이유는 그 기도 응답이 내일 우리로 하여금 그리스도의 모습에서 멀어지게 만들기 때문일 수 있다. 우리의 기도가 10년 뒤에 응답된다는 것이 우리가 그날까지 매일 더욱 그리스도를 닮아간다는 뜻이라면, 하나님이 응답을 미루시는 것은 너무도 당연한 일이다. 기도 응답이 지연될 때마다 우리의 바람과 우선순위에서 그리스도보다 세상과 가까운 모습들을 보고 바로잡게 될 수 있다.

기도 응답의 지연 이유를 바로 알면 계속해서 기도하는 중에도 응답의 지연에 대해 하나님께 감사할 수 있다.

하나님께 더 좋은 계획이 있다

하나님이 우리와 세상 가운데 추구하고 계신 선한 것들이 일치하지 않아 기도에 응답하시지 않을 수 있다. 하나님의 계획이 언제나 더 낫다. 이는 인정하기는 쉽지만 받아들이기는 쉽지 않은 사실이다.

이 사실을 받아들이기가 힘든 이유는 우리의 시각에는 우리의 요청이 지극히 옳아 보이기 때문이다. 우리의 시각에서는 우리의 요청이 하나님의 뜻과 일치해 보이기 때문이다.

하나님의 뜻이 아닌 줄 알면서도 구하는 것을 말하지 않는다. 예를 들어, 회사에서 장부를 조작하거나 불륜을 배우자에게 들키지 않게 해 달라는 요청 같은 것이 아니다. 당연히 하나님은 이런 일들을 도와주시지 않는다. 여기서 나는 의롭게 느껴지는 기도를 말하는 것이다. 하나님도 원하실 것이라고 확신해서 드리는 기도를 말한다. 아파하는 사람들을 도와달라는 기도, 재정적인 안정을 위한 기도, 관계의 회복을 구하는 기도, 누군가를 구원해 달라는 기도 등이 이에 속한다.

하나님은 능력만이 아니라 지혜도 우리보다 높다는 사실을 명심하라(그렇지 않으면 하나님이 아니다). 하나님은 우주의 수많은 별을 한마디 말씀으로 창조하셨다. 반면, 나는 매트리스 하나조차 내 머리 위로 들지 못한다. 하나님의 지혜가 이 정도 격차로 내 지혜를 초월한다면, 하나님이 생각하시는 최선의 결과가 내 머리로는 당장 이해가 되지 않는 것이 너무도 당연하다.

나는 우리 갓난아기들의 요청을 수없이 거절했다. 아기들을 사랑하지 않아서가 아니라 오히려 사랑해서이다. 4세 아들은 방에서 밤새도록 아이패드를 보는 것이 자신에게 얼마나 해로운지를 이해할 수 없다. 하지만 나는 이해했기 때문에 안 된다고 말했다. 또 우리 아들은 왜 콘센트에 딱 맞아 보이는 포크를 그곳에 넣는 것이 위험한지 전혀 이해하지 못했다. 하지만 나는 이해했기 때문에 안 된다고 말했다.

　부모는 이것을 이해한다. 자, '최선'에 대한 4세 아들과 나의 이해, 그리고 우리와 하나님의 이해 중 무엇의 격차가 더 클까? 이런 격차가 존재하기 때문에 때로 하나님은 우리의 기도를 원하는 대로 들어주시지 않을 수밖에 없다. 팀 켈러(Tim Keller)의 책《기도》에서 찾은 다음 글귀는 읽을 때마다 무릎을 치게 만든다.

"하나님은 우리가 요청하는 것을 주시거나 우리가 그분이 아는 것을 전부 알면 요청할 만한 것을 주신다."[3]

　때로 우리는 그냥 하나님을 믿어야 한다. 하나님은 이 세상을 위한 계획의 결말을 알려 주셨다. 마지막에는 만물이 그리스도께 복종하고 그분의 백성이 그분을 영원히 누리게 될 것이다(엡 1:3-12). 다만 어떻게 그렇게 될 것인지에 관한 구체적인 사항들은 대부분 알려 주시지 않았다. 우리는 그냥 그분을 믿어야 한다. 바울은 다음과 같이 말한다.

> "깊도다 하나님의 지혜와 지식의 풍성함이여, 그의 판단은 헤아리지 못할 것이며 그의 길은 찾지 못할 것이로다 누가 주의 마음을 알았느냐 누가 그의 모사가 되었느냐"(롬 11:33-34).

당신과 나를 포함해서 손을 들고 이 질문에 대답할 수 있는 사람은 아무도 없다. "아, 저요! 저는 그분의 계획을 알아요. 제가 이렇게 저렇게 하라고 꽤 조언을 했어요." 이렇게 말할 수 있는 사람은 아무도 없다. 우리가 아는 것은 우리의 무지뿐이다. 그래서 우리는 하나님이 기꺼이 들어주시지만 하나님의 뜻이 아닌 기도를 드리곤 한다. 이에 관한 존 파이퍼(John Piper)의 설명이 실로 탁월하다.

> "어느 순간에도 하나님은 우리 삶 속에서 만 가지 좋은 것들을 추구하고 계시지만 우리는 대개 그중에서 세 가지 정도만 알아챌 뿐이다."[4]

아이러니하게도, 자신이 모르는 것이 많다는 사실을 깨

달은 사람은 오히려 확신에 찬 기도를 할 수 있다. 그것은 자신의 작은 머리로 이해할 수 없다고 해서 하나님의 주권적이고 헤아릴 수 없고 영광스러운 계획이 무산되지 않는다는 것을 알기 때문이다. 실제로 사도 요한은 기도의 확신과 하나님이 우리의 기도에 응답하시지 않을 수 있다는 사실을 아는 것을 서로 연결시키고 있다.

> "그(하나님)를 향하여 우리가 가진 바 담대함이 이것이니 그의 뜻대로 무엇을 구하면 들으심이라 우리가 무엇이든지 구하는 바를 들으시는 줄을 안즉 우리가 그에게 구한 그것을 얻은 줄을 또한 아느니라"(요일 5:14-15).

기도할 때 우리는 육신의 아버지들처럼 자녀를 사랑함에도 '불구하고'가 아니라 사랑하기 '때문에' 때로 좋은 요청조차 들어주시지 않는 아버지께 나아간다.

한 친구는 내게 만약 하나님이 남녀 관계에 관한 자신의 모든 요청을 들어주셨다면 자신이 7명의 부인과 결혼했을 것이라고 말했다. 위대한 신학자 가스 브룩스(Garth Brooks)가 쓴 불멸의 가사에 따르면, 때로 우리는 응답되지 않은 기도에 대해 하나님께 감사해야 한다. 따라서 우리는 기도할 때 이렇게 말해야 한다. "하나님, 이것이 당신의 뜻이라고 생각합니다. 하지만 그렇지 않다 해도 당신을 좋은 아버지로 믿습니다. 제가 가져야 할 것, 당신의 계획에 맞는 것을 주실 줄 믿습니다. 그래서 제 뜻이 아닌 당신의 뜻이 이루어지길 원합니다."

필시 당신의 삶을 돌아보면 뭔가를 위해 열정적으로 기도했는데 하나님이 들어주시지 않는 이유를 몰라 답답해했지만, 지금은 하나님이 그 요청을 들어주셨다면 큰일이 났을 것이라며 가슴을 쓸어내리는 상황들이 있을 것이다. 이렇게 우리가 제한된 시간과 시각으로도 응답되지 않은 기도의 이유를 가끔 이해할 때가 있다.

마찬가지로 우리가 언젠가 모든 응답되지 않은 기도의 이유를 이해하게 될 것은 너무도 당연한 일이다. 그러니 우리가 원하고 하나님의 뜻과 일치해 보이는 것들을 끈질기게 구하되 하나님이 응답해 주시지 않아도 언젠가 그 이유를 깨닫고 고개를 끄덕이게 될 것이라는 확신을 가져야 한다.

하나님은 질서를 중요하게 여기신다

기도는 하나님이 세우신 자연의 질서가 바뀌기만 바라며 게으름을 피우라고 주신 도구가 아니다. 기적은 드물기 때문에 기적이다. 하나님은 우리가 기도한다고 해서 자연의 법칙을 쉽게 거스르시지 않는다. 질병, 태풍, 폭풍우, 바이러스 같은 것들이 이 세상에 존재하는 이유는 세상이 타락했기 때문이다. 물론 이런 망가진 부분들을 없애는 것이 하나님의 뜻이지만, 하나님은 세상이 돌아가는 방식에 수시로 개입하시지 않는다. 하나님이 가끔 기적을 행하실까? 물론이다. 이것이 기적이 일어나길 위해 기도해야 하는 이유이다. 그렇다면 하나님이 자연적인 과정을 무시하고 기도만 하라고 말씀하시는가? 전혀 아니다.

이것이 스포츠 시합의 결과가 주로 어떤 팀의 선수들이 훌륭한가에 따라 결정되는 이유이다. 만약 당신이 감독이라면 하나님께 기적을 간구하는 것보다 전술을 보완하는 데 시간을 사용하는 편이 더 현명할 것이다. 하나님께서는 실력이 형편없는 선수에게 그 부모가 열심히 기도했다는 이유로 승리를 주시지 않는다. 당신이 시험에서 형편없는 점수를 받았다면 그것은 기도 시간을 5분 줄였기 때문이 아니라 공부를 열심히 하지 않은 탓이다. 회사의 매출이 줄었다면 그것은 다른 회사가 제품에 더 공을 들이고 고객들과의 관계에 최선을 다했기 때문이다.

마찬가지로, 하나님께 오늘밤 아프가니스탄에 있는 모든 사람을 '마법처럼' 구원해 달라고 기도하는 것은 옳지 않다. 오늘밤 그곳에 사는 모든 사람의 꿈속에 나타나 예수님을 믿게 해 달라는 기도도 바람직하지 않다. 비록 그 기도가 하나님의 뜻과 부분적으로 일치한다 해도(딤전 2:3-4; 벧후 3:9) 그것은 하나님이 정하신 구원의 방식을 우회하려는 시도이다. 하나님은 교회를 통해 열국에 복음을 전하신다(행 1:8). 따라서 우리의 기도는 단순히 기적을 일으켜 달라는 것이 아니라 선교사들을 일으켜 달라는 것에 초점을 맞추어야 한다. 하나님의 계획과 패턴에 최대한 우리의 기도를 맞추어야 한다.

물론 하나님은 크리스천들을 죽이기 위해 다메섹으로 가는 사람을 말에서 떨어지게 만드실 수 있다. 감사하게도 실제로 그렇게 행하셨다. 하지만 과연 이것이 열국을 구원하기 위한 하나님의 주된 선교 전략일까? 그렇지 않다. 하나님은 그분의 계획을 분명히 밝혀 주셨다. 하나님은 그분의 백성들을 선교라는 고되고 희생적이지만 영광스러운 일로 부르신다. 물론 이 일에는 기도가 포함되지만 기도가 전부는 아니다. 헌금과 파송도 포함된다.

따라서 우리는 아프가니스탄으로 갈 선교사들을 일으켜 달라고 기도해야 한다. 그리고 우리가 그 위대한 소명을 받지 않았다면 그 사명을 위해 희생적으로 헌금할 수 있게 해 달라고 기도해야 한다. 그 선교사들의 말에 특별한 능력을 덧입혀 주시고 아프가니스탄의 이슬람교도들에게 전해지는 메시지를 들을 귀를 열어 달라고 기도해야 한다. 하지만 하나님이 아프가니스탄에 있는 모든 사람들의 구원에 직접적으로 개입해 달라고 기도하는 것은 무식하고 게으른 불순종이다.

이 문제의 한 가지 측면을 더 살펴보자. 우리는 하나님이 우리를 성장시키기 위해 사용하겠다고 말씀하신 수단들로부터 구해 달라는 기도를 너무 자주 드린다. 바울은 안디옥 교인들에게 "우리가 하나님의 나라에 들어가려면 많은 환난을 겪어야 할 것이라"라고 말했다(행 14:22). 바울은 고난이야말로 하나님의 나라를 위해 우리를 준비시키시는 그분의 방식이라는 점을 자신의 서신서들에서 반복적으로 설명한다. 베드로는 하나님께서 시련을 통해 우리 믿음을 황금을 아름답게 정련시키는 용광로로 사용하신다고 말한다(벧전 1:7). 그런데 우리는 큰 믿음을 원한다고 말하면서 정작 하나님께 실제로 그런 믿음을 얻을 수 있는 상황을 모면하게 해 달라고 요청한다. 우리가 불편한 우회로로 여기는 길이 사실은 하나님이 마련하신 길이다. 하나님은 우리에게 단순히 편한 길을 주시는 것보다 훨씬 더 큰 것을 염두하신다. 하나님은 우리가 그분을 소중히 여기고 믿기를 원하신다.

그렇다고 해서 가학증 환자처럼 혹은 고난이 영성의 증거인 것처럼 고난을 추구해야 한다는 뜻은 아니다. 고통을 겪으면 하나님께 구해 달라고 요청하는 것이 자연스럽고 적절하다. 실제로 바울도 그렇게 했다. "이것이 내게서 떠나가게 하기 위하여 내가 세 번 주께 간구하였더니"(고후 12:8). 바울은 하나님께 더 아프게 해 달라고 요청하지 않았다. 우리도 바울처럼 고난에서 벗어나기 위해 기도해야 한다. 하지만 때로 하나님이 바울에게 주셨던 응답을 우리에게도 주실 수 있음을 예상해야 한다. "이 고난 덕분에 너를 위한 내 은혜가 족하고 내 능력이 충분하다는 사실을 네가 다시 기억하고 남들도 알게 될 것이다." 하나님은 우리를 고난에서 구해 주시는 것보다 우리 안에 강함을 형성하는 것에 더 관심을 두신다.

18세기 노예 무역상이었다가 목사이자 찬송가 작가가 된 존 뉴턴(John Newton)은 황혼기에 많은 편지를 썼다. 그중 한 편지에서 그는 60년 동안 내적 약함에서 구해 달라는 기도를 해 왔다고 썼다. 하지만 80세가 넘어서도 그의 내면에는 악이 존재했다. 이 편지에서 그는 목사인 친구에게 하나님이 왜 이 기도에 응답해 주시지 않는지 오랫동안 이해할 수 없었다고 고백했다. 단지 시험에서 해방되게 해 달라고 기도했고 그것이 하나님의 뜻일 텐데 왜 들어주시지 않는 것일까?

하지만 이제 노인이 된 그는 하나님께서 사라지지 않는 문제를 통해 자신이 하나님의 은혜를 얼마나 절실히 필요로 하는 존재인지를 늘 기억하게 해 주셨다는 사실을 깨달았다. 그리고 덕분에 은혜를 필요로 하는 사람들을 더 잘 도울 수 있었다는 사실을 알았다. 이생에서 성숙의 가장 중요한 증거는 은혜의 필요성을 더 이상 느끼지 않을 수준에 이르는 것이 아니다. 자신이 얼마나 철저히 은혜에 의존하는지 점점 더 깊이 인식하는 것이다.

하나님은 당신에게 붙잡는 법을 가르치기 원하신다. 이를 위해 당신이 없애 달라고 절실히 기도하는 문제를 그냥 두시는 것인지도 모른다. 동성에게 끌리는 문제를 안고 있는가? 결혼 상대를 찾지 못한 데서 오는 불만족을 느끼는가? 탐욕의 문제, 분노, 간절히 기도했지만 해결되지 않은 것들을 통해 당신에게 거룩함을 위해 싸우는 법을 가르치시려는 것은 아닐까? 하나님께서는 마음속의 정욕을 이기실 수 있다는 사실을 주변 사람들에게 보여 주기 위해 당신을 증거로 삼으시려는 것은 아닐까? 당신이 이 문제와의 사투를 통해 그분을 더 온전하고도 친밀하게 알게 하시려는 것은 아닐까? 당신이 교만에 빠지지 않고 더욱 겸손해지게 만드시려는 것은 아닐까?

언젠가 영광 중에 설 때 우리가 얼마나 자격이 없는 부족한 자인지 제대로 깨닫게 만드시려는 것이 아닐까? 우리가 그 자리에 서는 것이 우리 의지력의 결과가 아닌 철저히 은혜의 선물임을 깨닫게 하시려는 것은 아닐까? 우리가 이생에서 죄를 정복했기 때문이 아니라 그리스도가 십자가에서 돌아가셨기 때문이라고 고백하게 만드시려는 것이 아닐까?

지금 교회는 너무도 교만하다. 자기 의에 빠진 바리새인들과 다를 바가 없을 지경이다. 그래서 우리가 하나님의 은혜를 강조하도록 현재의 문제를 그냥 두시는 것인지도 모른다.

하나님이 "기다리라"고 말씀하시는 것인지도 모른다

우리는 기도에 "네" 혹은 "아니오", 이렇게 두 가지 답밖에 없다고 생각한다. 하지만 다른 답도 있다. 바로, "아직!"이다. 물론 하나님의 모든 약속은 그리스도 안에서 "네"이다. 하지만 그중에는 기다려야 하는 것도 있다. 며칠 혹은 몇 년, 심지어 마지막 부활의 날까지 기다려야 성취를 볼 수 있는 약속도 있다.

요한계시록 5-10장은 하늘에서의 예수님을 아름답게 그리고 있다. 때로 요한계시록 속에서 예수님이 무시무시한 모습으로 등장하기도 한다. 그 구절들은 마지막 날, 심판, 만물의 회복이 어떻게 이루어지는지를 보여 준다. 이 환상에서 사도 요한은 보좌 주변의 향로들을 본다. 그는 이 향로들이 하나님 백성들의 기도를 의미한다고 말한다. 한 천사가 이 향로들을 붓기 시작한다(계 8:3-5). 교회가 수세기 동안 드린 방대한 양의 기도가 응답된다.

관계의 회복 혹은 망가진 몸이나 정신의 온전해짐, 외로움의 끝, 정의를 위해 기도하고 있는가? 이에 대한 응답이 다음과 같을 수 있다. "네 인생의 이번 장에서, 이 땅에서는 그 기도를 들어줄 수 없구나. 하지만 언젠가 응답해 주마. 내 아들이 돌아가 모든 슬픈 일을 끝내고 만물을 새롭게 할 때 이루어 주마."

비유적으로 표현하자면 하나님은 그 모든 기도를 향로에 넣어 두신다. 그리고 결국 우리가 요청하기는커녕 상상조차 할 수 없는 방식으로 응답해 주실 것이다. 하나님의 모든 약속은 예수 그리스도 안에서 예가 된다. 하나님이 주신 모든 약속은 우리의 것이다. 물론 간절한 기도에도 불구하고 우리가 삶이라고 부르는 이 짧은 눈물의 골짜기에서는 우리의 것이 되지 않을 수 있다. 하지만 영원한 나라에서는 우리의 것이 될 것이다. 어떤 면에서 이생에서 응답된 모든 기도는 우리 주님과 영원히 함께하는 회복된 천지에서의 삶에 대한 작은 맛보기라고 할 수 있다.

인생의 풍랑에서 붙잡아 주는 진리

응답되지 않는 기도를 수없이 분석하고 또 분석해도 하나님이 응답해 주시지 않는 이유를 이해할 수 없을 때가 많다. 그것이 무엇을 의미하는지 혹은 무엇이 부족해서 그런 것인지 알 수 없다. 하지만 그것이 무엇을 의미하지 않는지는 자신 있게 말해 줄 수 있다. 당신이 하나님의 자녀라면 기도가 당장 응답되지 않은 것처럼 보인다 해도 당신이 버림을 받았다는 의미는 절대 아니다.

그 이유는 이렇다. 역사상 가장 큰 '응답되지 않은' 기도는 겟세마네 동산에서 이루어졌다. 그것은 하나님이 "내 사랑하는 아들이요 내 기뻐하는 자"로서 직접 하신 기도였다.

예수님은 십자가에 돌아가시기 전날 밤 이렇게 세 번이나 기도하셨다.

> "아버지여 만일 아버지의 뜻이거든 이 잔을 내게서 옮기시옵소서"(눅 22:42).

세 번 모두 돌아온 것은 완전한 침묵뿐이었다. 한 천사가 예수님께 힘을 주기 위해 내려오긴 했지만(눅 22:43) 고뇌는 가시지 않았고 계획은 변경되지 않았다(눅 22:44, 47-48). 아들이 부를 때마다 늘 친밀하게 다가오셨던 하나님 아버지께서 사랑하는 아들이 가장 필요로 하는 순간에 고개를 돌리셨다.

왜 그랬을까? 하나님은 우리에게 그렇게 하시지 않기 위해 예수님께 그렇게 하신 것이었다. 십자가에서 하나님이 "죄를 알지도 못하신 이를 우리를 대신하여 죄로 삼으신 것은 우리로 하여금 그 안에서 하나님의 의가 되게 하려 하심이다"(고후 5:21).

이는 응답되지 않은 기도에 관해서 고민할 수는 있어도 나를 향한 하나님의 마음에 관해서 고민할 필요는 없다는 뜻이다. 십자가는 하나님이 내게 등을 돌릴 수밖에 없는 모든 이유를 예수님께로 전가하신 사건이다. 하나님은 나를 대신하여 십자가에 달리신 예수님께 등을 돌리셨다. 하나님은 내게서 등을 돌리지 않기 위해 내 죄를 예수님의 어깨에 지우셨다. 그래서 나는 "자기 아들을 아끼지 아니하시고 우리 모든 사람을 위하여 내주신 이가 어찌 그 아들과 함께 모든 것을 우리에게 주시지 아니하겠느냐"라고 확신할 수 있다(롬 8:32). 그리고 아버지의 심판으로 인해 생명력을 잃어가던 그 지독히 어두운 시간에도 예수님이 나를 버리지 않으셨다면, 그분이 내 간구를 듣지 않으시는 것만 같던 내 인생의 어두운 순간에도 결코 내게 등을 돌리시지 않았다고 확신할 수 있다.

당신의 응답되지 않은 기도가 무엇을 의미하는지 확실히 설명해 줄 수는 없다. 하지만 당신이 하나님의 자녀라면 그것이 그분이 당신을 버리셨다는 뜻이 아니라고 자신 있게 말할 수 있다. 십자가는 하나님이 항상 우리의 간구를 듣고 계심을 보여 준다. 십자가는 하나님이 결코 우리에게 등을 돌리지 않으시며 죽음조차도 우리를 향한 그분의 선한 목적을 무산시킬 수 없음을 보여 준다. 우리는 이 진리 위에 삶을 지을 수 있다. 어떤 인생의 풍랑에서도 이 진리가 우리를 단단히 붙잡아 주는 닻이 되어 줄 것이다.

신뢰의 증거, 십자가

결론적으로, 우리의 눈에 보이도록 혹은 우리가 원하는 대로 응답되지 않은 기도에 대해서도 하나님을 믿어도 좋다. 앞서 말했듯이 예수님은 자식을 사랑하는 아버지가 "아들이 생선을 달라 하는데 생선 대신에 뱀을 주며 알을 달라 하는데 전갈을 주겠느냐"라고 말씀하셨다(눅 11:11-12). 하나님도 그러하다.

반대로 생각해도 마찬가지이다. 좋은 부모가 생선을 달라는 자식에게 전갈을 주지 않는 것처럼 전갈을 생선으로 착각하여 달라는 자식에게 전갈을 주는 부모도 없다. 우리에게 '생선'처럼 보이는 것이 실제로는 전갈인 경우가 더러 있다. 나는 자녀가 뭔가를 아무리 원한다고 해도 무조건 다 들어주지 않는다. 언제나 자녀에게 최선의 것을 주기를 원하는데, 그것이 자녀가 생각하는 최선과 항상 같지 않을 수도 있다.

다시 말하지만 하나님은 우리의 요구와 상관없이 가장 좋은 것을 주신다. 이것이 하나님의 기도 응답 방식이다. 때로 하나님은 이렇게 말씀하신다. "네가 이것을 구하는 것을 안다. 하지만 그것은 생선이 아니라 전갈이다! 너는 그것을 보지 못하지만 내 눈에는 분명히 보인다. 그래서 이것 말고 다른 것을 주마." 하나님은 언제나 자녀에게 필요한 것을 주신다.

나는 기도 응답의 여부를 알지 못한다. 당신의 어머니가 생이 끝나갈 때, 당신이 학대를 당할 때, 당신이 자녀를 원하지만 임신이 되지 않을 때, 그럴 때 왜 하나님이 당신의 기도에 응답해 주시지 않는지 모른다.

하지만 한 가지는 분명하다. 당신에게는 믿을 수 있는 하늘 아버지가 계신다는 사실이다. 그분은 "정직하게 행하는 자에게 좋은 것을 아끼지 아니하실"(시 84:11) 분이다. 그래서 "주께 의지하는 자는 복이 있다"(시 84:12). 나와 당신이 이것을 알 수 있는 이유는 여기 있다. 바로 십자가이다. 하나님은 우리의 아버지이시며 우리는 그분의 귀한 자녀이다. 따라서 그분이 무엇을 하시든, 심지어 우리가 원하는 대로 하시지 않아도 모든 것이 우리의 유익을 위한 것이라고 확신할 수 있다.

솔직히 나도 그렇게 믿지 못할 때가 많다. 괴로운 짐을 놓고 기도할 때 그것을 예수님의 발치에 내려놓고 그분께 맡긴다. 하지만 이내 일어나 그 짐을 다시 짊어지고 걸어간다. 마치 내가 십자가를 지신 분보다 그 짐을 더 잘 짊어질 수 있는 것처럼 행동한다. 하지만 십자가는 그 짐을 그분께 믿고 맡겨도 된다고, 아니 맡겨야 한다고 말한다.

그분이 인류 역사가 시작된 이래로 누구도 실망시키시지 않았다는 사실을 알고서 우리의 가장 큰 바람과 필요를 그분의 발치에 내려놓으면 그렇게 달콤하고 평안할 수 없다. 그분은 결코 당신을 실망시키지 않으신다.

"죄 짐 맡은 우리 구주

어찌 좋은 친군지

걱정 근심 무거운 짐

우리 주께 맡기세."

당장 원하던 답이 들리지 않아도 믿고 맡기라.

CHAPTER 3

어차피 모든 일이
정해져 있다면,
힘들게
기도해야 할까?

우리 인생에는 흥미로운 사실이 많다. 예를 들어, 영화 〈머펫 대소동〉(Muppets)에서 미스 피기(Miss Piggy)의 목소리를 맡았던 사람과 〈스타워즈〉(Star Wars)에서 요다(Yoda)의 목소리를 맡았던 사람은 동일인물이다. 믿기지 않는다면 인터넷에 검색해 보라.

세상에는 흥미로운 질문이 많다. 예를 들어, 레스토랑에서 기다리는(waiting) 사람은 나인데 왜 음식을 가져다 주는 사람을 '웨이터'(waiter)라고 부르는가? 눈썹은 조금 자라면 멈추는데 왜 머리카락은 멈출 줄 모르고 자라는가? 처음 침대를 '베드'(bed)라고 부른 사람은 그 단어가 실제로 침대 모양이라는 것을 알았을까?

인생은 작은 미스터리로 가득하다. 하지만 기도에 관해서 생각하다 보면 곧 정말 중요한 질문이 머릿속에 떠오른다. 우리가 기도하면 실제로 하나님의 계획이 바뀔까? 우리가 끈질기게 조르면 하나님이 원래 하시지 않을 계획이었던 일을 하기로 마음을 바꾸실까?

간단히 답하면 "아니오"이다. 우리는 하나님께 명령할 수도 없고, 하나님이 헤아리지 못하셨던 부분을 지적해서 계획을 바꾸시게 만들 수도 없다. 우리가 하나님이 생각하시지 못하셨던 것을 생각할 수 있을까?

하나님은 우리의 기도에 절대 이렇게 반응하시지 않는다. "아, 저런! 그걸 놓쳤구나." "그래, 네 말이 맞다. 내가 그 점을 생각하지 못했구나." 하나님의 목적은 영원하고 그분의 지혜는 측량할 수 없이 깊다. 하나님은 처음부터 끝까지 다 아시며, 모든 일이 그분이 미리 정하신 뜻과 목적에 따라 이루어진다(엡 1:11). 하나님은 놀라거나 당황하는 법이 없으시다. 하나님의 계획은 좌절되지 않는다.

하지만 이 '간단한' 답은 어려운 질문을 낳는다. 이는 우리로 하여금 기도할 마음이 사라지게 만드는 질문이다. 우리가 기도하든 기도하지 않든 상관없이 하나님이 행하기로 하신 일을 하신다면 기도할 이유가 무엇인가? 모든 일이 이미 하나님 뜻대로 정해져 있는데 왜 힘들게 기도해야 하는가?

이는 정말 중요한 질문이다. 답을 찾기 위해 과거로, 과거로 향해 보자.

하나님의 마음 바꾸기

출애굽기 32장의 하나님 백성들은 애굽의 종살이에서 해방되어 모세의 지휘 아래 약속의 땅으로 가는 중이다. 그들은 하나님의 명령에 따라 예배하기 위해 시내 산에서 멈춘다(출 3:12; 19:1-5). 그리고 모세는 십계명, 나머지 율법, 하나님이 그분의 백성들 사이에 거하실 장막 설계도를 받기 위해 산으로 올라간다.

모세가 산에서 머무르는 시간이 백성들의 예상보다 길어진다. 결국 그들은 모세와 하나님이 자신들을 버렸다는 황당한 결론에 도달한다. 이는 말이 되지 않는 이야기이다. 초자연적인 재앙들을 내리고 바다를 가르면서까지 가장 강력한 제국의 손아귀에서 그들을 구하신 하나님이 갑자기 백성을 버린다는 것은 말도 안된다. 여행하는 내내 매일 신비로운 음식과 고기를 하늘에서 내려 그들을 먹여 살리신 하나님이 갑자기 그들을 버릴 수 있을까?

하지만 그들은 겁에 질려 이성적인 판단력이 마비되었다. 그들은 애굽에서 자신들을 구하시고 매일 필요를 채워 주신 하나님만으로 충분하지 않고 더 강력한 새로운 신이 필요하다는 결론을 내린다. 그래서 그들은 금은보화, 즉 하나님이 출애굽 당시 애굽인들로 하여금 그들에게 주게 하신 그 금은보화를 가져다가 자신들을 위한 새로운 '신', 황금 송아지를 만든다. 그 우상을 가지고 다니면 그것이 자신들을 보호해 줄 것이라고 생각한다. 이 새로운 신에 대한 예배는 난잡한 밤샘 파티로 이어진다. 참담한 광경이다.

한편, 산꼭대기에서 하나님은 모세에게 말씀하신다.

> "여호와께서 모세에게 이르시되 너는 내려가라 네가 애굽 땅에서 인도하여 낸 네 백성이 부패하였도다 … 여호와께서 또 모세에게 이르시되 내가 이 백성을 보니 목이 뻣뻣한 백성이로다 그런즉 내가 하는 대로 두라 내가 그들에게 진노하여 그들을 진멸하고 너(모세)를 큰 나라가 되게 하리라"(출 32:7-10).

하나님이 단단히 마음을 먹으신 것처럼 보인다. "마음을 정했다. 나를 막지 말라." 이에 모세는 어떻게 반응했을까? 그는 하나님의 마음을 바꾸기 위해 설득을 시도한다.

"모세가 그의 하나님 여호와께 구하여 이르되 여호와여 어찌하여 그 큰 권능과 강한 손으로 애굽 땅에서 인도하여 내신 주의 백성에게 진노하시나이까 … 주의 맹렬한 노를 그치시고 뜻을 돌이키사 주의 백성에게 이 화를 내리지 마옵소서 주의 종 아브라함과 이삭과 이스라엘을 기억하소서 주께서 그들을 위하여 주를 가리켜 맹세하여 이르시기를 내가 너희의 자손을 하늘의 별처럼 많게 하고 내가 허락한 이 온 땅을 너희의 자손에게 주어 영원한 기업이 되게 하리라 하셨나이다"(출 32:11-13).

실로 당돌하지 않은가? 모세는 이렇게 기도한다. "하나님, 이들은 제 백성들이 아니라 당신의 백성들입니다. 아브라함의 가족들에게 하신 말씀을 잊으셨습니까? 혹시 잊으셨을지 몰라서 말씀드리면 이 백성들은 아브라함 가문입니다. 당신의 이름이 걸려 있습니다. 그것은 제 약속이 아니라 당신의 약속입니다. 하나님, 지금 상황만 보면 그 약속이 어떻게 이루어질지 모르겠습니다."

이어서 내가 볼 때 출애굽기에서 가장 귀에 거슬리는 문장이 나타난다.

"여호와께서 뜻을 돌이키사"(14절).

문자적으로 "뜻을 돌이키사"는 "후회하셨다" 혹은 "마음을 바꾸셨다"라는 뜻이다. 보이는 그대로 읽으라. 설명하려고 하지 말라. 출애굽기 기자(모세)는 우리로 하여금 하나님이 어떤 행동을 하려고 작정(7절)하셨다가 그의 설득에 의해서(11-13절) 정반대의 행동을 하기로 마음을 바꾸셨다고 생각하게 만든다.

이 부분이 더 혼란스러운 이유는 모세가 다른 곳에서 "하나님은 사람이 아니시니 거짓말을 하지 않으시고 인생이 아니시니 후회가 없으시도다"라고 썼기 때문이다(민 23:19). 여기서 "후회하다"(마음을 바꾸다)에 해당하는 히브리어는 출애굽기 32장 14절에서 "뜻을 돌이키다"로 번역된 것과 같은 단어이며, 모세는 출애굽기와 민수기의 저자이다. 다시 말해, 모세는 한 부분에서는 하나님이 마음을 바꾸셨다고 말하고, 다른 부분에서는 하나님이 절대 마음을 바꾸시지 않는다고 말하고 있다. 도대체 어찌된 일인가?

서로 긴장 관계에 있는 세 가지 진리

내 친구이자 목사이며 저자인 데이비드 플랫(David Platt)은 출애굽기 32장에서 그리는 하나님의 모습에서 우리가 고려해야 세 가지 진리를 발견할 수 있다고 말한다. 이 진리들은 표면적으로는 모순처럼 보이기 때문에 긴장 가운데 있다. 하지만 성경 속의 이런 진리들은 모순 관계에 있어서 풀어내야 하는 것들이 아니라 긴장 관계에 있어서 관리해야 할 것들이다.

회계사와 같은 유형이거나 MBTI에서 ISTJ, 에니어그램(Enneagram) 1유형이라면 시원하게 풀어지지 않는 긴장을 관리하는 것이 짜증스러울 수도 있다. 당신이 그런 유형이라면 하나님에 관해 생각할 때 꼭 기억해야 할 정말 중요한 사실 하나를 상기시켜 주고 싶다. 그것은 하나님이 우리보다 크시며 우리의 머리는 그분을 헤아리기에 너무 작다는 것이다.

따라서 우리는 모든 것을 해결할 수 없는 상황에 익숙해져야 한다. 모순처럼 보이는 많은 과학적 미스터리들이 지식의 발전과 함께 하나씩 해결되고 있다. 자연은 서로 융

화될 수 없는 모순들로 가득하지만 그것은 어디까지나 우리가 아직 알아내지 못한 부분들이 있기 때문이다. 자연이 이럴진대 하나님은 얼마나 더 그러하시겠는가.

우리의 머리로는 알 수 없는 진리들이 항상 있기 마련이다. 우리의 유한하고 불완전한 지능으로 그것들을 모순이나 선택해야 하는 사항으로 판단하지 말고 긴장 관계에 있는 진리들로 보아야 한다. 그 진리들이 우리의 머리를 한계까지 몰아붙이다 못해 폭발하기 직전까지 만든다고 해도 받아들여야 한다.

하나님의 목적은 변하지 않는다

민수기 23장 19절이 더없이 분명하게 전하고 있는 진리이다. 하나님은 인간이 아니시다. 하나님은 뭔가를 새로 배우시지 않는다. 하나님은 경험을 통해 새로운 것을 배워 기존의 계획을 수정하시는 법이 없다. 하나님은 마음을 바꾸시지 않는다. 하나님은 선지자 이사야에게 이 점을 분명히 밝히셨다.

"나는 하나님이라 나 외에 다른 이가 없느니라 나는 하나님이라 나 같은 이가 없느니라 내가 시초부터 종말을 알리며 아직 이루지 아니한 일을 옛적부터 보이고 이르기를 나의 뜻이 설 것이니 내가 나의 모든 기뻐하는 것을 이루리라 하였노라 내가 동쪽에서 사나운 날짐승을 부르며 먼 나라에서 나의 뜻을 이룰 사람을 부를 것이라 내가 말하였은즉 반드시 이룰 것이요 계획하였은즉 반드시 시행하리라"(사 46:9-11).

바울도 같은 말을 하고 있다. 앞서 우리는 에베소서 1장과 로마서 11장에서 이 점을 확인했다. 그는 골로새서 1장 17절에서도 예수 그리스도에 관해서 같은 진리를 선포한다. "그가 만물보다 먼저 계시고 만물이 그 안에 함께 섰느니라."

다시 말해, 세상에 그분의 계획이나 통제 밖에서 이루어지는 일은 하나도 없다.

하나님의 계획이 펼쳐진다

출애굽기 32장에서 하나님은 모세의 기도에 따라 행동을 바꾸신다. 그런데 가만히 생각해 보면, 위기 상황을 만들어 모세로 하여금 호소하게 만든 분은 바로 하나님이시다. 모세에게 산기슭에서 벌어지는 일을 알려 주신 분도 하나님이시다. 그 전까지 모세는 상황을 전혀 모르고 있었다. 모세가 인용한 약속을 주신 분도 하나님이시다. 다시 말해, 하나님은 모세가 문제를 보고 약속을 기억한 뒤에 하나님께 선포하신 행동 방향을 변경해 달라고 간청하도록 상황을 조율하셨다.

하나님은 모세가 기도하기를 원하셨다. 그래서 그가 문제를 보고 하나님께 약속을 상기시키면 그 약속을 지키시겠다고 수락할 수 있도록 주권적으로 상황을 조율하셨다. 하나님의 진정한 의도는 한 번에 드러나지 않았다. 하나님은 그 의도를 시간을 두고 차츰 펼쳐 보이셨다.

우리의 기도는 도구다

그 순간의 시각에서 보면 모세의 기도는 실제로 상황을 바꿔 놓았다. 문자 그대로 받아들여야 한다. 모세의 기도가 아니었다면 하나님은 이스라엘을 멸망시키셨을 것이다. 물론 지금 우리는 모세가 기도를 하도록 하나님이 상황을 만드셨음을 안다. 그럼에도 불구하고 모세의 기도는 하나님이 행동 방향을 바꾸시는 데 중요한 도구 역할을 했다.

그런데 만약 모세가 애써 기도를 하지 않았다면 어떠했을까? 그랬다면 하나님이 이스라엘 백성들을 구원해 주시지 않았을까? 그들을 구원해 주시는 것이 하나님의 뜻이 아닌가? 하나님이 우리가 누군가를 위해서 기도하기를 원하시지만 우리가 기도하지 않는다면 하나님의 뜻이라고 해도 그는 구원을 받지 못하는 것인가? 아니면 하나님이 기도할 다른 사람을 계속해서 찾으시는 것인가? 생각할수록 머릿속이 어지럽다(머릿속이 미스 피기와 요다의 목소리를 같은 성우가 녹음했다는 사실을 알았을 때처럼, 아니 그때보다 1000배 더 빠르게 돈다).

하지만 성경에 이 이야기가 실린 것은 우리로 하여금 철학적인 고민 끝에 실족하게 만들기 위함이 아니다. 19세기 프린스턴신학교의 신학자 A. A. 호지(Hodge)의 설명을 들어보자.

"하나님은 우리가 죽을 날짜를 아실까? 어떻게 생각하는가? 물론, 답은 '그렇다'이다. 하나님이 그 날짜를 정하셨을까? 그렇다. 우리가 그 날짜를 바꿀 수 있을까? 없다. 그렇다면 우리가 왜 음식을 먹는가? 살기 위해서다! 먹지 않으면 어떻게 되는가? 죽는다. 그렇게 먹지 않아 죽으면 그 날짜가 하나님이 정하신 우리의 사망일일까?"[5]

좋은 질문이지 않은가? 모세의 이야기에서와 마찬가지로 복잡하다. 호지가 이런 질문에 어떻게 대답하는지를 보라.

"쓸데없는 질문을 그만하고 그냥 먹으라. 먹는 것이 하나님이 정하신 삶의 방법이다."

먹는 것이 하나님이 정하신 삶의 길인 것처럼 기도는 하나님이 이 땅에서 그분의 뜻을 실행하기 위해 정하신 방법이다. 우리가 정해진 죽는 날짜를 바꿀 수 없지만 살아 있기 위해 오늘 음식을 먹는 것처럼, 우리는 이 땅에서 하나님이 역사를 행하시는 수단이 기도이기 때문에 기도한다. 하나님은 우리의 몸이 음식으로 인해 살아 움직이게 설계하신 것처럼 그분의 목적이 우리의 기도로 이루어지도록 설계하셨다.

따라서 이 이야기는 하나님의 법칙에 관한 미스터리에 머리를 싸매고 고민하라는 초대의 메시지가 아니다. 이것은 하나님이 어떻게 우리를 기도의 자리로 부르셨는지 생각해 보고 기도하라는 초대이다.

그날 그 산에서 모세는 하나님의 변하지 않는 목적에 관해 고민하지 않았다. 그보다 그는 하나님의 변하지 않는 약속들에 시선을 고정하고 그 약속들을 눈앞의 상황에 적용했다. 그렇게 그는 기도했다. 그러자 하나님은 변하지 않는 목적이 펼쳐지는 역사 속에서 그 기도를 사용하여 한 나라를 구원하셨다. 그 기도가 아니었다면 그 나라는 결국 멸망했을 것이다.

하나님이 이스라엘 백성들에게 자비를 베푸신 이유는 그 백성들을 위한 변경 불가한 계획의 일부였기 때문이었을까? 그렇다. 하나님이 이스라엘 백성들에게 자비를 베푸신 이유는 모세가 그들을 멸망시키지 말라고 용감하고 담대하게 간청했기 때문이었을까? 역시, 그렇다.

이 세 가지 진리(하나님의 계획의 변하지 않는 속성, 그 계획들이 펼쳐짐, 이를 위해 기도가 도구로 사용되는 것)를 종합하면 어떤 결론에 도달하는가?

하나님은 사람들이 그분의 약속을 붙잡고 기도할 수 있도록 주권적으로 특정한 상황 속으로 이끄신다.

바로 이것이 하나님이 당신을 현재의 자리에 두신 이유이다. 당신의 상황에 관해 생각해 보라. 주변과 당신 안의 모든 문제를 보라. 망가진 관계들은 바로 하나님이 당신을 그 관계들 속에 두신 것이다. 하나님은 문제를 통해 약속을 기억하고 하나님의 역사를 위해 기도하라고 당신을 그곳에 두셨다. 지금 어떤 상황이든 어떤 가족이나 이웃을 두고 있든, 당신이 현재의 자리에 놓인 것은 우연이 아니라 하나님의 섭리이다. 그 자리에서 당신은 하나님의 사자이다. 당신의 기도가 상황을 변화시킬수 있을까? 물론이다.

하나님은 주권적인 권능으로 당신으로 하여금 문제를 위해 기도하게 하시고 그 문제를 바로잡을 수 있는 자리에 두신다.

우리의 행동은 영원한 파장을 일으킨다. 하나님의 목적이 변하지 않는다는 사실을 알았다면 행동해야 한다. 하나님의 주권을 오해하면 행동하지 않게 된다. 반면, 하나님의 주권을 제대로 이해하는 사람은 하나님이 주권적으로 우리를 특정한 상황에 두어 진리를 전하는 도구로 사용하신다는 사실을 안다. 이 땅에서 하나님의 역사는 도관을 통해 흐른다. 그 도관은 다름 아닌 우리의 기도와 순종이다.

몇몇 선교사들을 만나기 위해 대만으로 향하는 비행기 안에서 한 여성의 옆 좌석에 앉게 되었다. 살짝 곁눈질로 봤더니 여성은 데이비드 제러마이어(David Jeremiah)가 쓴 책을 읽고 있었다. 제러마이어는 매우 유명한 라디오 설교자이며 개인적으로는 나의 멘토이다. 그래서 나는 그녀에게 말을 걸었다. "어디로 가세요?"(그렇다. 실제로 이렇게 말했다. 그렇게 말하고 나서야 그것이 얼마나 어리석은지 깨달았다. 그 비행기 안의 모든 사람은 같은 곳, 즉 대만으로 가고 있었으니까 말이다).

곧바로 나는 이렇게 물었다. "그곳에는 무슨 일로 가시나요?" 결과적으로 이것이 더 좋은 질문이었다. 그녀는 몇 년 전에 은퇴를 했다고 말했다. "짧은 시간에 큰돈을 벌었어요. 하지만 행복하지가 않았어요. 나 자신을 찾아야 할 것만 같았어요. 아직도 불만족한 삶을 살고 있어요. 그래서 신을 찾는 중이에요."

"신이 대만에 사시나 봐요?" 그 말에 여성은 웃음을 터뜨렸다. "아니요. 내가 알기로 신은 대만에 살지 않아요. 자꾸만 당신에게 마음속을 털어놓게 되네요. 지금까지 심각한 불만족에 시달려 왔답니다. 이번이 대만에 두 번째 가는 거예요. 그곳의 삶이 정말 매력적이어서요. 하지만 처음보다 단 한 발자국도 더 답에 다가가지 못했어요. 그곳에서 몇 달을 지내다가 언니가 많이 아파서 미국으로 돌아왔어요. 아무래도 얼마 버티지 못할 것 같아요. 언니는 곧 세상을 떠나겠죠. 그리고 나도 나이가 비슷하니까 얼마 남지 않았을 거예요. 모든 것이 너무 혼란스러워요. 아무것도 모르는 바보가 된 것만 같아요."

"데이비드 제러마이어 목사님의 책은 어떻게 해서 읽게 되신 건가요?"

"그건, 라디오에서 목사님의 설교를 들었는데 그분은 신을 아는 것 같았어요. 그래서 그분의 책을 사서 읽으면 신을 만나지 않을까 하고 생각했죠."

"읽어 보니 어떤 생각이 드시던가요?"

"잘 모르겠어요. 겨우 몇 쪽 뒤적인 게 다인 걸요. 혼란스러워요. 어디에 기대야 할지를 모르겠어요. 어제는 신이 정말로 있다면 내게 나타나 달라고 기도했죠."

"선생님, 제가 주제넘게 나서고 싶지는 않지만 제가 보기에 하나님이 선생님의 기도에 이미 응답해 주신 것 같습니다. 8시간이나 남았으니, 한번 시작해 보죠."

나는 성경책을 꺼내서 예수님의 생애를 들려주었고, 여성은 몇몇 부분을 소리 내어 읽었다. 그녀가 성경을 읽을 때마다 주변이 점점 환해지는 기분이었다. 약 2시간이 지난 후 내가 물었다. "이 비행기에는 몇 사람이 타고 있을까요?"

"250명쯤 되지 않을까요?"

"그 많은 사람 중에서 저와 선생님이 나란히 앉게 되었습니다. 선생님은 하나님께 나타나 달라고 기도했고요. 이것이 우연일까요? 저는 별로 대단한 사람은 못되지만 이 순간 하나님의 도구 역할을 하고 있습니다. 하나님이 당신을 가족이 되길 원하신다고 그분 말씀의 권위로 선포하고 싶습니다."

그렇게 해서 태평양 상공 어디쯤에서 여성은 고개를 숙이고 예수님을 영접했다. 이 일은 내가 목사이기 때문에 일어난 것이 아니다(사실, 이런 상황에서는 목사인 것이 오히려 더 불리하다. 내 직업을 알면 대개 사람들은 미안하다는 말과 함께 주제를 바꾼다. 심지어 자리를 바꾸는 사람도 있다). 내가 비행기를 타고 어딘가로 갈 때마다 매번 이런 일이 일어나지 않는다. 옆자리에 앉은 사람을 전도하려는 시도는 주로 어색한 침묵으로 혹은 상대방이 헤드폰을 쓰면서 끝이 난다.

하지만 가끔씩, 열에 한 번쯤은 내 스스로는 할 수 없는 일에 하나님의 도구로 사용된다. 나는 하나님이 내 주변에서 항상 역사하고 계시며 나를 언제나 그분의 도구로 쓰일 수 있는 곳에 주권적으로 배치하신다는 사실을 늘 기억하며 살려고 노력한다. 하나님은 우연히 나를 어딘가에 두시는 법이 없다. 당신에 대해서도 마찬가지이다.

하나님의 불변하는 계획이 펼쳐지고 있으며, 하나님은 그 일의 도구가 될 특권을 내게 주신다. 언변이 엄청 뛰어나거나 성경에 정통할 필요는 없다. 언제나 하나님이 문제를 보고 그분의 약속을 믿고 기도와 순종으로 그분의 힘을 풀어놓을 상황에 우리를 두셨다는 의식으로 살아가기만 하면 된다.

나와 당신을 부르신 이유

데이비드 플랫은 출애굽기 32장을 이렇게 풀이한다. "기도하는 것은 이 땅에서 그분이 주신 자리를 취하고 그분이 정하신 특권을 사용하는 일이다. 그 자리, 그 특권은 바로 하나님의 목적을 이루는 데 동참하는 것이다."

이런 식으로 기도하는 것은 단순히 크리스천 삶의 일부가 아니라 우리의 주된 소명이다. 하나님이 우리를 구원하신 이유 중 하나는 기도할 수 있게 하시기 위해서이다. 하나님은 그분이 주기를 원하시는 것들에 대해 간구하는 자로 우리를 선택하셨다.

몇 년 전 우리 교회는 "기도의 해"를 가졌다. 기도 응답에 관한 하나님의 약속을 깊이 새기는 한 해였다. 그 해를 준비하면서 책에 파묻혔는데, 오랫동안 여운이 남는 책 가운데 하나가 밀턴 빈센트(Milton Vincent)의 *A Gospel Primer for Christians*(크리스천들을 위한 복음 입문서)였다. 그 책에서 빈센트는 에베소서 1장 4절을 조명한다. "곧 창세전에 그리스도 안에서 우리를 택하사 우리로 사랑 안에서 그(성부 하나님) 앞에 거룩하고 흠이 없게 하시려고."

하나님은 사랑 안에서 우리가 "그 앞에" 서도록, 즉 사랑받는 자녀로서의 지위를 사용하여 그분께 기도하도록 선택하셨다.

기도하는 것은 하나님이 우리를 구원하신 주된 목적 중

하나를 이루는 일이다. 기도야말로 하나님이 당신과 나를 이곳에 두신 이유이다. 우리는 주변에 보이는 것들에 대해 기도해야 한다. 인생들의 변화를 위한 그분의 도구가 되어야 한다.

하나님께서 모세를 선택하신 것처럼 우리를 그분의 주권적인 목적을 위한 도구로 선택하셨다. 하나님이 우리를 현재의 자리에 두신 이유는 주변을 돌아보며 문제를 발견한 뒤에 그분께 나아와 기도하게 만들기 위해서이다. "하나님, 여기에 당신의 나라가 임하게 해 주십시오. 이곳에서 당신의 약속이 이루어지게 해 주십시오. 이 순간 당신의 뜻이 이루어지길 원합니다."

우리가 확신과 기대로 기도하는 이유는 하나님의 계획은 변하지 않기 때문이다. 그리고 우리의 기도가 그 계획이 펼쳐지는 데 하나의 도구로 사용되기 때문이다. 하나님의 계획은 반드시 이루어지고, 정말 놀랍게도 우리가 그 계획이 이루어지는 과정의 일부가 될 수 있다.

모세의 기도처럼 우리의 기도는 세상을 변화시킬 수 있다. 우리는 그저 구하기만 하면 된다.

예수님의 기도법

기도의 모델을 배우다

PART 2

JUST ASK

CHAPTER 4

잘못된 기도 습관들

기도를 수단으로 삼지 말라

지금쯤 기도에 관한 가장 큰 걸림돌들이 꽤 사라졌으리라 믿는다. 하지만 질문은 아직 남아 있다. 실제로 어떻게 기도해야 할까?

예수님은 가장 유명한 설교인 '신상수훈'에서 이에 관한 가르침을 주셨다. 하지만 제자들에게 어떻게 기도해야 할지 알려 주기 전에 먼저 어떤 기도를 하면 '안 될지'에 관해서 경고하셨다. 이는 믿음에 상관없이 모든 사람이 기도하기 때문이다. 전쟁의 참호 속에서 무신론자는 없다는 말을 들어본 적이 있을 것이다. 살다보면 누구나 자신보다 더 큰 힘을 향해 부르짖을 때가 있다. 누구나 도움을 요청하거나 죄를 뉘우치며 애통해하거나 감사를 표현할 때가 있다. 예수님은 대부분의 사람들이 기도하고, 많은 사람이 잘못된 기도를 한다는 점을 잘 알고 계셨다. 그래서 역사상 가장 유명한 기도, '기도의 모델'이라는 표현이 더 어울리는 기도인 '주기도문'을 가르치시기 전에 먼저 가장 흔한 형태의 그릇된 기도들에 대해 다루신다.

내가 가끔 아이들에게 "엄마한테 그런 식으로 말하면 못써"라고 말하는 것처럼 하나님의 아들은 악하고 근시안적이고 지혜가 부족한 인간들에게 "너희 아버지에게 이런 식으로 말하면 안 된다"라고 말씀하신다.

구체적으로 예수님은 바리새인들이나 이방인들처럼 하나님께 말하지 말라고 하신다. 다시 말해, 모든 사람이 기도를 잘못하는 경향이 있다는 뜻이다. 교단에 상관 없이 우리는 본능적으로 기도를 잘못하곤 한다.

예수님이 다음과 같은 격한 발언을 하시자 종교 지도자들은 그분을 향한 미움으로 불타올랐다.

"너희는 기도할 때에 외식하는 자와 같이 하지 말라 그들은 사람에게 보이려고 회당과 큰 거리 어귀에 서서 기도하기를 좋아하느니라 내가 진실로 너희에게 이르노니 그들은 자기 상을 이미 받았느니라"(마 6:5).

"너희의 기도 모임을 인도하는 이 종교 지도자들처럼 기도하지 말라. 누구보다도 그들을 본받지 말라."

도대체 '종교적인' 기도가 어떠했기에 예수님은 이렇게까지 말씀하셨을까? 예수님은 그런 기도를 왜 그토록 싫어하셨을까?

수단과 목적

종교적인 기도는 하나님께 가까이 다가가기보다는 주로 그분께 뭔가를 얻기 위한 기도이다. 하나님을 이용하려는 시도이다. 구체적으로 예수님은 스스로 의롭다는 기분을 느끼기 위한 수단으로 기도를 사용하는 경향을 꼬집으셨다.

1세기 유대 문화에서 종교성은 곧 존경을 의미했다. 즉 종교적일수록 더 많은 존경을 받았다. 예수님이 보시기에 이들은 어디서 기도할지를 매우 신중히 선택했다. 그들은 회당 안에 서서 큰 소리로 기도했다. 그곳이 자신의 기도에 가장 감탄할 만한 사람들이 모이는 장소이기 때문이었다. 또 그들은 거리 모퉁이에 서서 기도했다. 왜 하필 모퉁이였을까? 그곳은 두 길이 만나는 곳이어서 지나는 사람이 많았고 자신을 보고 감탄할 것이기 때문이었다.

이런 종교적인 사람들의 기도는 목적을 위한 수단이었다. 그들은 타인의 존경과 지위를 목적으로 삼았다. 아이러니하게도 예수님은 니체(Nietzsche), 마르크스(Marx), 푸코(Foucault) 같은 철학자들이 수세기 후 종교를 비판하면서 한 말을 하신 것이다. 철학자들은 종교를 이용해 권력을 얻으려 했다. 그들에게 종교는 남들에 대한 영향력을 얻기 위한 수단이었다. 1세기 이스라엘에서는 종교적일수록 더 중요한 인물로 인식되고 더 많은 존경과 권위를 얻었다. 이는 하나님을 이용하는 행위이다. 그들은 하나님을 이용해 이익을 얻기 위해 기도했다.

우리만큼이나 하나님도 목적을 위한 수단으로 이용당하는 것을 싫어하신다. 예수님은 이런 종류의 기도로는 하나님께 아무것도 얻을 수 없다고 말씀하신다. 유일한 '보상'은 기껏해야 몇몇 사람들에게 얻는 약간의 존경이 전부이며, 그런 존경은 전혀 중요하지 않다. 그런 기도를 통해서는 하나님께 인정을 받지 못한다. 이런 기도는 하나님께 아무것도 얻지 못한다. 사실 이들은 하나님께 말하고 있는 것이 아니기 때문이다.

종교적인 사람의 기도와 복음적인 사람의 기도 사이의 결정적인 차이점이 있다. 종교적인 사람은 하나님께 뭔가를 얻기 위해 기도하지만, 복음적인 사람은 하나님을 더 얻기 위해 기도한다.

이 두 가지는 매우 다른 관계이다. 예를 들어 두 사람이 사업상 이유로 뭉친다고 가정해 보자. 두 사람은 서로 보완해 줄 수 있는 기술을 가지고 있기 때문에 사업은 나날이 번창한다. 하지만 두 사람은 서로를 그리 좋아하지는 않는다. 단지 돈이 되기 때문에 함께할 뿐이다. 그들의 만남은 잦지만 피상적일 뿐이다. 서로의 삶에는 거의 관여하지 않는다. 퇴근 후에 어울리거나 가족끼리 만나서 즐기는 경우는 거의 없다. 그들의 관계는 철저히 업무적이다.

이번에는 막 사랑에 빠진 두 사람이 있다. 그들은 서로에게 푹 빠졌다. 이런 사랑을 해 봤는가? 혹은 지금 사랑을 하고 있는가? 처음 사랑에 빠진 연인들은 긴 시간 동안 이야기를 나누어도 지치지 않는다. 서로 대화를 하면 돈이 되기 때문이 아니다. 그냥 함께하는 시간이 좋다. 그들은 주로 큰 의미 없는 시시콜콜한 이야기를 한다. 그들의 대화는 어떤 의제를 다루지 않는다. 심지어 결론에 도달하려는 목적도 없다. 서로에게서 뭔가를 얻기 위해서가 아니라 함께 있는 것이 좋아서 이야기를 나눈다.

종교적인 기도는 사업적이다. 반면, 복음적인 기도는 개인적이다. 만약 하나님을 단순히 목적을 위한 수단으로 보며 기도한다면 억지로 의지를 끌어 모아야 할 것이다. 좋아서 하는 것이 아니기 때문이다. 하나님께 기도함을 통해 원하는 것을 쟁취하기 위해 노력할 뿐이다. 반면에 하나님이 아름답게 보인다면 좋아서 기도하게 된다.

다른 예로 설명해 보겠다. 대학 시절, 나는 연극을 하고 애드리브를 배울 줄 알게 된 후 희곡 과목을 수강했다. 하지만 알고 보니 희곡의 역사에 관한 수업이었다. 학기 내내 위대한 희곡들에 관해서 배웠다. 대학교 3학년 때는 희곡에 관심이 없었기 때문에 수업을 소화하기가 정말 힘들었다. 하지만 좋은 학점을 받아야 하기에 열심히 공부했고, 학점을 잘 받았다. 학점을 잘 받아야 좋은 직장에 들어가고 취직을 해서 돈을 벌 수 있기 때문이다.

25년이 지난 지금 나는 직업을 가지고 있으며 돈을 번다. 그런데 지금 내가 무엇을 즐기는지 아는가? 연극을 보는 것을 즐긴다. 대학 시절에는 연극이 목적을 위한 수단이었다. 나중에 돈을 벌기 위한 수단으로만 연극을 공부했다. 지금은 완전히 바뀌었다. 연극을 즐기기 위해 돈을 쓴다. 한때 수단이었던 것이 목적이 되었다. 과거 연극은 내게 유용한 것이었을 뿐이지만, 지금은 아름다운 것이다.

당신은 은밀히 기도하는가

당신에게 하나님은 유용한 분인가 아니면 아름다운 분인가? 행복한 삶을 위한 수단으로 하나님을 찾는가? 아니면 하나님을 아는 것 자체가 행복하기 때문에 그분을 찾는가? 이것은 정말 중요한 문제이다.

예수님은 하나님께 뭔가를 얻기 위해 기도하면 위선자라고 말씀하신다. 이 말씀의 무게를 느껴야 한다. 예수님이 말씀하신 위선자는 우리가 흔히 생각하는 위선자가 아니다. 철저히 이중생활을 하는 사람을 말하지 않는다. 이를테면 주일에는 교회에 열심히 나가는데 주중에는 매춘을 하는 사람을 말하지 않는다.

여기서 예수님은 종교에 누구보다도 열심이지만 하나님을 찾지 않는 사람을 말씀하신다. 하나님을 뭔가를 얻기 위한 수단으로 취급하는 사람이나 이생에서 더 나은 삶을 살고 죽어서는 천국에 가고 화목한 가정을 이루는 데만 관심이 있는 사람을 말씀하신다.

이 구절에서 예수님은 특별히 남들에게 존경심을 얻기 위해 기도하는 행태를 경고하신다. 하지만 이 원칙을 수많은 것들로 넓혀 적용할 수 있다. 하나님보다 그분을 통해 얻을 수 있는 것에 더 관심을 가질 때마다 우리는 위선자가 된다.

내게는 이런 위선자가 되지 않는 것이 여간 힘든 일이 아니다. 예를 들어, 나는 토요일 밤에 가장 열심히 기도한다. 죄를 고백하고 내 삶을 깨끗하게 해 달라고 간절히 부르짖는다. 부부 싸움을 하지 않도록 최대한 조심하고 아이들에게 친절하게 대한다. 왜일까? 설교할 시간이 몇 시간밖에 남지 않았는데, 설교할 때 하나님의 도우심이 절실히 필요하기 때문이다.

설교하기 전에 기도하는 것이 잘못일까? 물론 아니다. 설교할 때 하나님의 도우심에 대한 절실함을 느껴야 할까? 아주 많이 느껴야 한다. 하지만 내 기도 생활이 토요일 밤에 극적으로 강해진다는 것은 내 동기가 부분적으로는 위선적이라는 뜻이다. 내가 토요일 밤에 열심히 기도하는 주된 이유는 설교할 때 하나님의 힘이 필요하기 때문이다. 내게 하나님은 좋은 설교라는 목적을 위한 수단이다. 내 진정한 관심은 좋은 설교에 있다.

누구나 이런 위선에 빠질 위험이 있다. 주로 중차대한

결정을 내리기 전에 기도하는 편인가? "하나님, 당신의 뜻이 무엇인지만 보여 주십시오." 얼핏 영적인 기도처럼 들리지만 하나님보다 그분의 뜻에 더 관심이 있을 가능성이 있다. 미팅이나 홍보 행사, 시험 전에 기도하는가? 그것은 하나님을 알고 그분의 뜻대로 살기 위해서가 아니라 거래처를 뚫거나 프로젝트를 따내거나 시험에서 좋은 성적을 거두기 위해서일 가능성이 있다. 자녀의 행동을 놓고 기도하는가? 역시, 좋은 일이다. 하지만 동기가 무엇인지 가슴에 손을 얹고 생각해 보라. 하나님을 영화롭게 하려는 것인가? 아니면 이번 주일 교회에서 경건한 부모처럼 보이고 싶은 것인가?

우리가 스스로에게 늘 던져야 할 질문은 이것이다. 하나님이 내게 유용한 분인가? 아니면 아름다운 분인가? 의무감에서 그분과 시간을 보내는가? 아니면 스스로 원해서 기도하는가? 내 기도는 목적을 위한 수단인가? 아니면 하나님과의 관계 자체가 목적인가?

예수님은 이것을 판단하기 위한 한 가지 시금석을 제시하신다. "은밀히 기도하는가?"

예수님은 제자들에게 이렇게 말씀하신다. "너는 기도할

때에 네 골방에 들어가 문을 닫고 은밀한 중에 계신 네 아버지께 기도하라"(마 6:6). 기도하는 진짜 동기를 알 수 있는 방법은 자신이 아무도 보지 않을 때 얼마나 기도하는지를 돌아보는 것이다. 하나님과의 더 깊은 교제 외에 기도로 얻을 것이 없을 때, 단순히 하나님과 가까워지기 위해서 기도할 때를 살펴야 한다. 그런 시간이 얼마나 되는가?

어거스틴(Augustine)은 5세기에 쓴 글에서 우리가 하나님을 위해서 행동하는 것 중에서 대부분이 그분에 대한 사랑이 아닌 다른 이유로 하는 것이라고 지적했다. 예를 들어, 사람들의 존경과 칭찬을 받고 가족이나 교인들에게 인정을 받는 것이 목적이다.

하지만 은밀히 기도하는 유일한 동기는 하나님에 대한 사랑이다. 아무도 봐 주지 않는 곳에서 드리는 기도는 순수하게 하나님을 사랑해서 그분을 더 깊이 알기 위해서 드리는 기도이다.

다시 정리해 보면 종교적인 사람들은 하나님을 이용하기 위해서 기도한다. 예수님은 "이렇게 기도하지 말라"라고 말씀하신다.

하나님께 잘 보이기 위한 기도

예수님이 경고하신 '종교적인' 기도의 특징은 하나님께 잘 보이려는 시도이다.

> "기도할 때에 이방인과 같이 중언부언하지 말라 그들은 말을 많이 하여야 들으실 줄 생각하느니라"(마 6:7).

종교적인 사람들은 하나님이 자신들의 말을 들어주시려면 그분께 잘 보이기 위한 뭔가를 해야 한다고 생각한다. 그래서 기도를 길게 하거나 큰 소리로 한다. 혹은 적절한 환경에서 적절한 표현을 사용하고 적절한 희생을 하며 기도를 하려고 노력한다. 마치 하나님이 점수판을 들고 기록을 하다가 일정 점수를 넘기면 그때 비로소 응답을 해 주시는 것처럼 군다.

하지만 이런 행동의 이면에는 하나님이 기본적으로 우리에게 적대적이라는 전제가 깔려 있다. 그래서 적절한 말을 적절한 방식과 분량, 강도, 횟수로 하면 하나님이 감명을 받으시고 마음을 열어 주신다는 생각이 있다. 이런 기도의 본질은 신에게 잘 보여서 우리를 좋아하고 도와주게 만들려는 시도이다.

대부분의 종교가 이런 형태를 띠고 있다. 예를 들어, 동남아시아의 이슬람교 마을에서 잠시 지낸 적이 있는데, 그곳 사람들은 주기적으로 모여 코란을 읽으며 기도를 한다. 한번은 슬픈 일을 겪은 가정을 위로하기 위한 기도 모임에 초대를 받았다(그들이 알라에게 기도할 때 나는 성부 하나님께 기도할 것이라는 의사를 분명히 밝혔다). 다 함께 그 집에 앉자 이슬람교 지도자들은 코란의 구절들을 끝없이 반복하여 암송하기 시작했다.

나는 그 의식이 끝나기만을 기다렸다. 하지만 1시간쯤 지나고 나서야 곧 끝날 상황이 아니라는 것을 깨달았다. 처음 1시간 동안 나는 이 가족을 위해 생각나는 모든 기도를 드렸다. 마침내 나는 옆에 앉은 사람에게 고개를 돌려 나지막이 물었다. "언제쯤 끝날까요?"

"정확히는 모르겠어요. 한 6-7시간쯤 걸릴 거예요."

그들은 신의 환심을 사기 위해서는 말을 많이 해야 한다고 생각했다. 알라는 말을 좋아하는 것처럼 보였다. 달콤한 말을 귀에 끊임없이 속삭여 주지 않으면 아무것도 하지 않는 신처럼 보였다. '말 횟수'가 충분하지 않으면 알라에게 아무것도 기대하지 않는 편이 현명하다.

이것은 비단 이슬람교만의 문제가 아니다. 가톨릭교에는 묵주와 아베마리아가 있다. 불교에는 염불이 있다. 개신교에서도 하늘의 문을 열 법한 화려한 표현을 섞어 쓴 기도문을 끝없이 중얼거리는 모습들이 포착된다. 마치 "주여, 임하옵소서!"라는 말이 하나님을 임하시게 만드는 것처럼 찬양 집회에서 그 말을 끝없이 반복하는 경우를 심심치 않게 볼 수 있다.

'말을 많이 하다'로 번역된 단어는 문자적으로 '횡설수설하다'라는 뜻이다. 이는 기도를 강하고도 반복적으로 하되 의미가 없는 말을 하는 것을 의미한다. 하나님의 환심을 살 때까지 기도해야 한다고 생각하면 이런 식으로 기도하게 된다.

이런 기도에 대해 예수님은 "그만두라"라고 말씀하신다. 별다른 진단이나 신학적 설명은 없다. 그냥 "그만둬! 너희는 하늘 아버지를 몰라도 너무 모르는 구나"라고만 말씀하신다.

"그들을 본받지 말라 구하기 전에 너희에게 있어야 할 것을 하나님 너희 아버지께서 아시느니라"(마 6:8).

다시 말해, 당신을 사랑해서 기꺼이 당신을 받아주시고 당신에게 무엇이 필요한지 이미 아시는 아버지께 기도하라.

아이들을 키우면서 발견한 사실 중 하나는 부모에게 뭐든 말하기를 주저하지 않는다는 점이다. 아이들이 어릴 적에는 내게 무슨 할 말이 생기면 내가 누구와 무엇을 하고 있든지 상관하지 않고 즉시 찾아와 말을 했다. 아이들은 내가 언제라도 자신들에게 시간을 내어 줄 것이라고 생각했다. 물론 그 생각은 옳았다.

내게 아이들의 초롱초롱한 눈과 빛나는 미소를 보는 것보다 더 즐거운 일은 없었다. 아이들이 내가 아닌 다른 사람에게 그렇게 다가갔다면 버르장머리가 없다고 꾸지람을 들었겠지만 나는 마냥 좋기만 했다. 오래전 3살 된 딸아이와 교회에서 야외 세례 예배를 드린 적이 있다. 약 65명이 세례를 받기 위해 줄을 서 있었고 200명쯤이 지켜보고 있었다. 노스캐롤라이나 주의 7월 중순의 날씨는 살갗이 따가울 정도로 햇볕이 뜨거웠다. 그런데 갑자기 딸이 군중 사이를 뚫고 줄을 무시한 채 내게 달려왔다. 녀석은 주저하지 않았다. 머뭇거리지 않았다. 내가 바쁜지 따지지 않았다. 일단 멈춰서 그 모든 사람들이 무엇을 하고 있는지 유심히 살펴보지 않았다. 딸아이는 주일학교에서 그린 그림을 내게 보여 주고 싶었다. 나도 그것을 보고 싶을 것이라고 생각하고서 한걸음에 달려왔다. 이번에도 그 생각은 옳았다.

딸은 내게 다가오기 전에 내게 잘 보여야 할 필요성을 느끼지 않았다. 딸아이는 내가 자신을 사랑하기 때문에 마음껏 내게 다가가도 된다는 것을 알고 있었다. 그래서 다른 사람이라면 버릇없다고 할 만한 행동을 하면서까지 내게 다가왔다.

예수님은 우리에게 이런 아이처럼 하나님께 말하라고 말씀하신다. 이것이 그분의 '기도의 모델'(주기도문)의 첫마디가 그토록 혁명적인 이유이다.

"아버지." 고금을 막론하고 이것을 가르친 다른 종교는 하나도 없었다. 자녀들에게 하나님은 설득시켜야 할 재판관이 아니라 우리의 필요를 아시고 우리를 깊이 아끼시는 아버지시다. 하나님께 잘 보이려고 애쓸 필요가 없다. 그분을 설득하려고 할 필요가 없다. 화려한 문구를 사용할 필요가 없다. 그냥 자녀로서 아버지를 찾아가 이야기하면 된다.

다른 모든 종교는 이를 이상하게 여긴다. 내가 알고 지내 온 이슬람교도들은 기도에 대한 기독교의 관점이 불손하다고 말한다. 하지만 바로 이것이 핵심이다. 너무 친밀하니 불손해 보일 수밖에 없다. 그리고 하나님이 이런 관계를 직접 제시하시지 않았다면 불손한 것이 맞다. 그리스도가 우리의 죗값을 치르고 그분의 의를 주심으로 길을 열어 주시지 않았다면 우리는 감히 이런 기도를 드릴 수 없을 것이다.

복음을 이해한다면 하나님께 잘 보이기 위해 기도하지 않는다. 그리스도가 이미 우리 대신 하나님께 잘 보이셨다. 우리는 그리스도의 완성된 사역에 그 무엇도 더할 수 없다. 그러고 싶어도 그럴 수 없다.

좋은 소식은 그럴 필요가 없다는 것이다. 하나님은 이미 우리에 관한 전부를 아신다. 예수님이 이미 값을 치르지 않은 뭔가가 우리에게서 새롭게 발견될 수는 없다. 그리스도 안에서 우리가 그분께 더 많은 사랑을 받기 위해 할 수 있는 일은 없다. 그것은 이미 그분이 우리를 최대치로 사랑하시기 때문이다. 나아가 우리가 무슨 짓을 해도 우리를 향한 그분의 사랑은 조금도 줄어들지 않는다.

예수님은 크리스천들이 기도해야 할 특별한 방식이 있다고 말씀하신다. 크리스천들은 하나님이 자신들을 이미 알고 사랑하시며 필요한 것을 아시는 아버지라는 분명한 인식 속에서 기도해야 한다. 우리 기도의 주된 목적은 하나님이 잊어버리신 우리의 필요를 상기시켜 드리는 것이나 그분의 환심을 사는 것이 아니라 단순히 그분과 시간을 보내기 위함이다.

그릇된 기도 습관들

크리스천들의 기도 생활 속에 파고든 그릇된 습관들을 살피면서 이번 장을 마무리하자. 내게서도 그런 습관들이 분명히 보인다(물론 우리의 말이 아무리 부족해도 하나님은 상관없이 자녀들이 기도하는 것을 기뻐하신다. 우리의 말이 조금 서툴러도 상관없다. 문제는 그릇된 기도가 습관으로 굳어 버리는 것이다. 그런 상황은 피해야 한다).

첫째, 반복하면 하나님이 더 유심히 듣기라도 한다는 듯 그분의 이름을 반복해서 부르지 말라. 형식 자체를 뭐라고 하는 것이 아니다. 다만 하나님은 우리가 그분께 말하고 있는 것인 줄 아신다. 따라서 계속해서 그분께 말하는 것이라고 확인시켜 드릴 필요는 없다. 다음과 같이 기도하면 하나님이시라도 좀 귀에 거슬리시지 않을까?

"하나님 아버지, 오늘 저희와 함께해 주시길 기도합니다. 하나님 아버지, 축복해 주십시오. 하나님 아버지, 당신을 향한 사랑이 커지게 해 주십시오. 하나님 아버지."

우리 아이들이 내 관심을 조금이라도 더 끌 수 있을까 봐 다음과 같이 말하면 나도 귀에 거슬릴 것이다.

"아빠 아버지, 우리와 함께 있어 주세요. 아빠 아버지, 네? 아빠 아버지, 장난감 좀 사 주세요. 아빠 아버지, 우리를 지켜 주세요. 아빠 아버지, 건강하게 행복하게 해 주세요. 아빠, 아버지."

둘째, "좀"이란 말은 삼가라. "주님, 성경을 통해 좀 말씀해 주십시오." "하나님 아버지, 이 암을 좀 고쳐 주시길 간구합니다."

셋째, 하나님이 이미 약속하신 일을 해 달라고 요청하지 말라. "함께해 주십시오." 이런 기도를 드리기 전에 히브리서 13장 5절을 한 번 읽어 보라.

넷째, 무의미한 표현은 사용하지 말라. 내가 가장 싫어하는 표현 중 하나는 "여행 중의 자비"(traveling mercies)이다. 도대체 무슨 말인가? 내가 문을 열고 밖으로 나가는 순간 혹은 내가 시동을 걸 때만 발동하는 자비인가? 여행 중에 특별한 자비를 누릴 수 있다면 '집 안에서의 자비'는 바라면 안 되는가? 나는 고속도로에서만큼이나 주방에서 자주 분별없거나 불경한 짓을 하니까 말이다.

다섯째, 하나님께 음식을 변형시켜 달라고 요청하는 기도는 그만하자. 먹기 전에 음식을 축복해 달라고 기도하는 것은 좋다. 그렇게 해야 한다. 하지만 거대한 더블 베이컨 치즈버거를 앞에 두고서 "하나님, 제 몸의 영양을 위해 이 음식을 축복해 주십시오"라는 기도는 도대체 무슨 기도인가. 분명 우리는 기적의 하나님을 섬기고 있지만 보통 하나님은 정상적인 수단들을 통해 역사하신다. 그러니 앞으로 이런 기도를 하기 전에 먼저 식탁에 신선한 채소를 올리라.

여섯째, 사람들에게 훈계하기 위해 기도를 사용하지 말라. 소그룹에서 기도를 빙자하여 사람들에게 설교하는 사람들이 있다. 그들의 기도는 말이 기도이지 훈계요 험담이다. "주님, 레이첼(Rachel)과 그녀의 새 남자 친구가 순결을 잘 지켜 나갈 수 있게 도와주시기를 간절히 기도합니다. 주님은 저희에게 순결을 원하십니다. 그런데 가끔 그들의 눈에서 음탕한 정욕이 보입니다. 둘이 손을 잡고 있는 모습을 자주 목격합니다. 결혼 전까지는 그러지 말아야 하는 것 아닙니까? 그래서 주님, 제발 저들을 도와주십시오."

솔직히 우리 교회에서도 이런 종류의 기도를 심심치 않게 들을 수 있다. "하나님 아버지, 이번 주 수요일 밤 8시에 우리 교회 교육관의 다른 예배실에서 기도회를 가질 예정이니 은혜로운 시간이 되게 해 주십시오. 주님, 이번 달에 가장 중요한 모임입니다. 지난 기도회에 농구 경기 중계로 인해 너무 많은 교인이 오지 않아 주님의 가슴이 찢어지신 줄 압니다. 그래서 이번주 수요일 밤 8시에는 저들이 스포츠라는 우상을 이길 수 있도록 꼭 역사해 주시기를 간절히 기도합니다. 저 어리석은 죄인들이 수요일 밤 8시에 꼭 교회로 오게 도와주십시오. 예수님 이름으로 기도드립니다.

아멘." 물론 약간의 과장이 있다.

마지막으로, 남들에게 기도 제목을 나눌 때도 좀 신중을 기했으면 좋겠다. 내가 하나님의 시각으로 기도 제목을 정한 것인가? 내 기도 제목이 하나님이 명시하신 목적과 일치하는가? 얼마 전에 누군가가 소그룹 식구들에게 아들의 가라데 시합 결승을 위해 기도해 달라고 부탁했다는 이야기를 들었다. 아들 인생의 모든 영역에서 하나님의 역사를 바라는 마음은 높이 살 만하지만, 과연 그는 소그룹원들이 정확히 어떤 기도를 해 주기를 바랐던 것일까? "예수님, 아들이 매트 위에 올라가면 아들의 발을 상대편 선수의 얼굴로 이끌어 주시겠습니까? 주님, 상대편 선수가 경기를 지속할 수 없게 해 주십시오. 우리 아들이 확실히, 압도적으로 승리를 거두게 해 주십시오."

솔직히 고백하면 나도 이 모든 기도를 해 본 경험이 있다. 당신처럼 나도 툭하면 복음 중심적인 기도가 아닌 종교적인 기도를 한다. 바퀴 축이 심각하게 틀어진 자동차처럼, 복음에 관한 생각을 그만하는 순간 내 기도 생활은 예수님이 경고하신 도랑으로 빠진다. 기도로 하나님께 잘 보이려고 하거나 하나님께 원하는 것을 얻어내기 위한 수단으로 기도를 오용하기 시작한다.

    이것이 예수님이 기도하는 법을 가르치기에 앞서 그릇된 기도에 관해 경고해 주신 것이 그토록 감사한 이유이다. 그리고 이것이 이번 장이 이 책에 포함되어야만 하는 이유이다. 이제 기도하는 법에 관한 예수님의 정말 중요한 가르침을 살펴볼 준비가 되었다. 바로 이것이 다음 장의 주제이다.

CHAPTER 5

기도의 시작

모든 것을 거저 주시는 "아버지"의 이름을 부르라

어릴 적부터 교회에 다닌 사람이라면 아마 '주기도문'을 수천 번은 암송했을 것이다. 심지어 그렇지 않은 사람도 "하늘에 계신 우리 아버지" 정도는 읊을 수 있을 것이다. 이 문장은 인류 역사상 가장 유명한 문장 중 하나이기 때문에 많은 사람이 알고 있다.

앞서 언급했듯이 '주기도문'은 사실 적합한 이름이 아니라고 볼 수도 있다. 나는 '기도의 모델'이란 표현을 선호한다. 이 기도는 예수님의 개인적인 기도라기보다는 우리가 어떻게 기도해야 할지, 그 방향을 알려 주는 모델이기 때문이다(생각해 보라. 예수님은 하나님께 "우리의 죄를 사하여 주옵시고"라고 기도할 필요가 없으셨다).

기도하는 법을 알고 싶다면 바로 이 기도가 최상의 출발점이다. 예수님에 따르면 우리의 기도는 주기도문의 전반적인 패턴을 따라야 한다. 이 기도를 그대로 암송하라는 뜻이 아니다. 물론 그것도 출발점으로는 나쁘지 않다. 마르틴 루터는 이 기도를 매일 암송해도 항상 새로운 것을 배울 수 있다고 말했다! 하지만 많은 사람이 이 기도를 형식적으로 암송하다보니 그 안에 담긴 경이에 무감각해졌다. 그렇다면 그 안에 어떤 경이가 담겨 있는가? 이 기도는 하나님을 알고 그분과 동행하는 것이 가장 깊은 차원에서 무슨 의미인지를 알려 주고 종교와 관계의 차이를 단적으로 드러낸다. 그리고 실천적인 차원에서는 기도의 주된 걸림돌 중 하나를 다루어 준다. 그 걸림돌은 바로 우리가 무슨 말을 해야 할지 모른다는 것이다!

다음 몇 장에 걸쳐서 이 기도를 차근차근 분석할 것이다. 혹시 이 기도를 아직 외우지 못했다면 외울 것을 권한다. 그런 다음에는 팀 켈러의 말처럼 이 기도의 문장들을 기도 시간에 '연주하는' 멜로디 라인처럼 사용하라. 재즈 음악가들은 그 순간의 영감에 따라 음들을 즉흥적이고도 독특한 순서로 연주하지만 음의 선택은 전혀 제멋대로이거나 혼란스럽지 않다. 그들은 재즈 음악에 뚜렷한 독창성과 신선함을 부여하면서도 음악적인 일관성을 유지시키는 '리프'(riff)라는 멜로디 라인을 따른다. 내 경우, 주의 기도 모델이라는 멜로디 라인을 따라 연주할 때 기도 시간이 가장 은혜롭다.

하늘에 계신 우리 아버지

"하늘에 계신 우리 아버지."

가장 혁명적인 기도의 언어이다. "아버지." 이젠 세상을 떠난 신학자 J. I. 패커는 《하나님을 아는 지식》에서 "하나님이 아버지라는 사실을 얼마나 이해하느냐를 보면 그 사람이 기독교를 얼마나 잘 이해하고 있는지를 가늠할 수 있다"고 말했다.[6] 그에 따르면 기독교의 핵심은 하나님이 자상한 아버지라는 사실을 탐구하고 그것을 신자의 삶에 적용하는 것이다. 따라서 하나님의 아들 예수님이 기도하는 법을 가르치실 때 여기에서 시작하신 것은 너무도 당연한 일이었다.

우리가 생각할 때마다 놀라워하고 감격해야 할 사실은 우리가 사랑받는 자녀로서 우주의 하나님께 나아가 이렇게 말할 수 있다는 것이다. "아빠, 필요한 것이 있어요. 도와주세요." 그러면 우주의 모든 별을 창조하시고 모든 원자를 지탱하시는 하늘의 하나님이 기꺼이 도와주실 뿐 아니라 우리의 간구를 기뻐하신다. 왜일까? 그것은 그분이 우리의 아버지이기 때문이다.

폴 밀러는 《일상기도》에서 기도로 하나님께 나아가는 모습을 보면 우리가 복음을 진정으로 이해하는지를 알 수 있다고 말한다. 다음 글이 와닿는지 보라.

> "기도하기 위해 삶의 속도를 늦추는 순간, 갑자기 우리가 얼마나 영적이지 못한지를 직면하게 된다. … 반면, 아이들은 자신의 이기주의에 움찔거리지 않는다. 그냥 있는 그대로, 철저히 자기중심적인 모습으로 찾아온다."[7]

아이들은 나를 찾아와 다음과 같이 말한 적이 없다. "아빠, 정말 원하는 것이 생겼어요. 하지만 이걸 요청하는 지금, 제 마음이 올바르지 못한 상태 같아요. 그리고 오늘 동생들에게도 친절하게 굴지 못했고요. 그래서 아무래도 오늘은 그만해야 할 것 같아요. 오늘은 아빠랑 그만 얘기할래요."

아이들은 마음속에 있는 것을 마구 털어 놓는다. 아이들은 내가 자신들의 행동과 상관없이 자신들을 받아준다는 것을 잘 알고 있다. 그렇다고 해서 하나님 앞에서 죄를 뼈저리게 깨닫고 슬퍼하지 말아야 한다는 뜻이 아니다. 계속해서 보면 알겠지만 고백과 회개도 우리 기도의 일부여야 한다. 다만 어느 정도 수준에 이르고 그 수준을 유지할 때만 하나님이 우리를 받아주실 것이라고 생각하지 말라는 뜻이다. 하나님은 언제나 우리의 아버지 되시며, 죄에 대한 진노는 이미 십자가에 달리신 예수님께 남김없이 쏟아내셨다. 문이 활짝 열려 있다. 하나님은 우리를 그분의 임재 가운데로 환영해 주신다.

"하늘에 계신 아버지"로 기도를 시작하지만 그 장엄함과 경이와 영광을 충분히 깊이 되새기지 않고 성급하게 다음 단어로 넘어가는 사람이 너무도 많다. 지금까지 몇 번이나 말했지만 너무 중요해서 절대 놓치지 말아야 하기 때문에 다시 한 번 말한다. 주권적이고 거룩하신 하나님 아버지는 우리에게 '전능자'에서 '정복자'와 '지극히 높으신 왕'까지 다양한 이름을 가지고 계신다. 그분은 그 많은 이름 중에서 특별히 '아빠'를 선택하셨다. "나를 아빠라고 불러라!"

이 책에서 꼭 기억하길 바라는 한 가지가 여기 있다. 그것은 당신이 예수님을 믿음으로써 어엿한 하나님의 가족이 되었다는 사실이다. 하나님이 아버지임을 깨닫고 기뻐하는 것이야말로 크리스천 삶의 엔진이다.

이 사실을 이해하지 못하면 영적 고아로 살 수밖에 없다.

하나님이 듣지 않으실까 봐 혹은 하나님의 관심과 사랑을 얻기 위해 해야 할 일이 아직 남아 있을까 봐 늘 전전긍긍하게 된다(마태복음 6장에서 예수님의 표현을 빌리자면 "이방인들"처럼).

우리 교회에는 동남아의 한 나라에서 여러 명의 아이들을 입양한 가족이 있다. 그런데 그 엄마는 5세가 되어 입양한 어린 아들이 필요한 것을 당당하게 이야기하지 않고 훔치거나 거짓말을 하거나 억지를 써서 원하는 것을 얻으려고 할 때가 많다며 하소연을 했다. "가슴이 찢어져요. 우리에게 사랑받는 가족이라고 생각하지 않고 아직도 자신이 혼자 힘으로 살아가야 하는 고아인 줄 알잖아요."

당신과 나는 하나님의 가족으로 입양되었다. "보라 아버지께서 어떠한 사랑을 우리에게 베푸사 하나님의 자녀라 일컬음을 받게 하셨는가"(요일 3:1).

당신이 그리스도를 영접했다면 하나님은 당신을 가족으로 삼으셨으며, 이것은 번복되지 않는 최종적인 결정이다. 하나님이 아버지임을 받아들이면 확신이 생기기 때문에 어떤 시험과 시련도 기도로 이길 수 있다. 두려움이나 불안감을 안고 하나님께 나아가 우리의 선함을 증명해 보이거나 그분의 팔을 비틀어 억지로 원하는 것을 얻으려고 할 필요가 없다. 그냥 나아가 "아버지, 이것저것을 해 주세요!"라고 말하면 된다.

어린 시절, 나는 꼭두새벽(5시)에 눈을 뜬 적이 있었다. 그 시각에 아버지는 거실에서 무릎을 꿇고 기도하거나 무릎에 성경책을 펴놓고 읽고 계셨다. 나는 아버지가 원래부터 그러신 줄 알았다. 그런데 어느 날 아버지는 처음부터 그렇게 행동한 것은 아니라고 말씀하셨다. 20대에 예수님을 영접하고서 처음 몇 년 동안은 기도할 마음이 생기지 않았다고 하셨다. 아버지는 항상 피곤한 몸을 겨우 일으켜 출근하느라 바쁘셨다. 그러던 어느 날 죽는 한이 있어도 30분 일찍 일어나 기도하리라 굳게 결심하셨다. 그렇게 해서 다음날 아침, 적정한 시간에 알람을 맞춰 놓고서 하나님께 알람이 울리면 꼭 일어나게 해 달라고 기도하셨다. 다음날 알람이 울리기 15분 전에 깨셨고, 투덜거리셨다. "아이고, 하나님, 알람에 맞춰 깨워 달라고 부탁드렸잖아요. 이렇게 일찍은 말고요!"

아버지는 그때가 성령의 음성을 강하게 느낀 순간 중 하나였다고 말씀하셨다. 성령은 아버지께 이렇게 속삭이셨다. "나도 안다. 하지만 한시라도 빨리 시작하고 싶어서 기다릴 수가 없었다."

우리 아버지는 내가 아는 그 어떤 사람보다도 꾸준히 기도하셨다. 우리의 아버지이신 하나님은 우리와 함께 시간을 보내기를 간절히 원하신다. 기도는 감당해야 할 의무가 아니라 사랑이 가득한 하늘 아버지 안에서 쉬라는 초대이다. 이런 깨달음이 아버지의 기도 생활을 촉발시켰다.

물론 개중에는 "아버지"라는 단어가 아름답게 다가오지 않는 사람들도 있을 것이다. 좋은 아버지를 두지 못한 사람들, 아버지에게 실망한 사람들, 아버지에게 방치와 버림을 당한 사람들이거나 아버지에게 수시로 비난을 받은 사람들 혹은 심지어 아버지에게 학대를 받은 사람들도 있다. 그렇다면 정말 유감스러운 일이다. 그것은 하나님이 설계하신 아버지와 자녀의 관계가 전혀 아니다. "아빠"라는 단어에 따르는 울컥한 감정과 고통스러운 과거를 생각할 때 하나님이 가장 먼저 함께 울어 주실 분이라는 사실을 기억하라.

만약 당신의 상황이 그러하다면 이렇게 해 보기를 강권한다. 비교의 순서를 바꿔 보라. 육신의 아버지를 통해 하늘 아버지를 보지 말고, 하늘 아버지를 통해 육신의 아버지를 보라. 그렇게 하면 강한 치유를 경험하게 될 것이다.

육신의 아버지는 당신을 보지 않았는가? 당신을 거추장스러운 짐으로 여겼는가? 당신에게 씻을 수 없는 상처를 주었는가? 그런 모습은 원래 하나님이 뜻하는 아버지의 모습이 아니다. 하나님은 진정한 아버지의 모습을 보여 주신다. 하늘 아버지는 당신에 관한 생각을 한시도 멈추지 않으신다. 늘 노래로 당신을 향한 기쁨을 표현하신다(습 3:17). 당신에게 절대적으로 집중하시기 때문에 당신의 머리카락 한 올이 떨어지는 순간까지 알아채신다(눅 12:7).

육신의 아버지가 아무것도 해 주지 않았는가? 하늘 아버지는 당신이 홀로 있지 않도록 십자가에서 당신을 구원하기로 영원 전부터 계획하셨다.

육신의 아버지는 냉소적으로 대하며 당신의 애정과 요구를 철저히 외면했는가? 하늘 아버지는 우주의 보좌에 앉아 당신에게 언제나 편하게 찾아와 필요한 것을 말하라고 하신다.

바로 이분이 당신의 아버지이다. 이것이 아버지의 진정한 모습이다. 하늘 아버지의 사랑을 받으면 육신의 아버지로 인한 상처가 치유될 수 있다. 하루아침에 상처가 말끔히 치유된다는 뜻은 아니다. 하지만 하나님이 아버지임을 경험하면 내면에 가득한 상처가 아물기 시작한다. "아버지"라는 말로 시작하면 우리의 기도가 변한다. 그것은 그 말을 하고, 또 믿을 때 우리가 변하기 때문이다.

이름이 거룩히 여김을 받으시오며

"거룩히"라는 말은 우리가 평소에 흔히 사용하는 표현이 아니다. 내가 아는 한 남자는 어린 시절에는 전통적인 교회에 다녔다. 그는 8세가 될 때까지 하나님의 이름이 '거룩'이라고 생각했다고 한다. 매주 교인들과 함께 엄숙한 어조로 "하늘에 계신 우리 아버지여, 이름이 거룩이라고 여김을 받으시오며"라고 잘못 암송했기 때문이다.

당신은 그렇지 않을 것이다. 하지만 "거룩히"라는 것이 무슨 뜻인지 아는가? 이 배경에서는 두 가지를 알 수 있다.

먼저 이것은 '가장 아름다운'을 의미한다. "이름이 거룩히 여김을 받으시오며"라는 말은 곧 하나님이 우리가 이어서 요청할 것들을 포함해 그 어떤 것보다도 좋다는 고백이다. 하나님을 수단으로 취급하려는 유혹에 굴복하지 않겠다는 선포이다. 곧 이어 마약 중독에서 해방되고 병이 치유되고 시험에서 좋은 성적을 거두고 인터뷰나 프레젠테이션을 잘하고 고통을 잘 견디고 헝클어진 관계를 풀어내도록 도와달라고 요청하면 하나님은 기꺼이 도와주실 것이다. 하지만 그에 앞서 하나님이 주실 그 어떤 선물보다도 그분이 소중하다고 고백해야 한다. "이름이 거룩히 여김을 받으시오며." 이 말은 곧 이런 뜻이다.

"하나님, 새 직장을 원합니다. 몸이 치유되었으면 좋겠습니다. 하지만 당신이 이런 것보다 낫습니다. 이런 것을 얻지 못해도 당신이 저의 가장 귀한 보물이기에 제 기쁨은 조금도 흔들리지 않을 것입니다. 당신만이 내가 거룩히 여기는 분, 가장 소중히 여기는 분입니다."

내가 가장 좋아하는 옛 아일랜드 찬송은 다음과 같이 표현한다.

> "세상의 영광 눈앞에 없네,
> 언제나 주님은 나의 기업,
> 주님만 내 마음에 계시오니,
> 영원한 주님 참 귀하여라."

"이름이 거룩히 여김을 받으시오며"라는 말은 곧 "당신은 나의 보물입니다"라는 말이다.

다음으로 '거룩히'는 '가장 훌륭한'이란 뜻이다. 이는 하나님의 영광이 우주에서 가장 고귀한 목적이라고 인정하는 것이다. 내 기쁨은 중요하지 않다. 그분의 영광이 핵심이다. 내 삶의 목적은 스스로 영광을 취하는 것이 아니라 사람들에게 그분을 알리는 것이다. 내가 곧 드릴 모든 요청의 궁극적인 목적은 스스로 번영하거나 높아지는 것이 아니라 그분의 이름을 높이는 것이다. 따라서 혹시 하나님이 영광을 받기 위해 내가 원하는 방식대로 응답해 주시지 않아도 기꺼이 받아들일 수 있다.

이 고백을 할 때 우리는 중요한 질문 앞에 선다. 누구 혹은 무엇이 내 삶의 핵심인가? 누가 중심에 있는가? 이런 식으로 생각해 보라. 당신의 인생이 한 편의 영화라면 주인공은 누구인가? 영화에는 언제나 주인공이 있고 아울러 여러 조연들이 참여한다. 조연에게 벌어진 일은 주인공에게 벌어진 일보다 덜 중요하다. 조연들은 가끔 화면에 나와 주인공의 이야기에 작은 영향을 미칠 뿐이다. 전체 줄거리와 색채, 갈등, 아니 모든 것이 조연이 아닌 주인공을 중심으로 이루어진다.

이것을 '비그스 다크라이터의 교훈'(Lesson of Biggs Darklighter)이라고 부른다. 아마 이 책을 읽는 독자들의 97퍼센트는 다크라이터가 누구인지 전혀 모를 것이다. 하지만 광선검을 차고 제다이 복장을 하고 〈스타워즈〉를 보러 갈 정도의 광팬이라면 다크라이터가 1편 '새로운 희망'(A New Hope)에서 주인공 루크 스카이워커(Luke Skywalker)가 총에 맞는 것을 막아 준 엑스윙(X-Wing) 조종사임을 알 것이다. 다크라이터가 자신을 희생한 덕분에 스카이워커는 포를 쏴서 첫 죽음의 별(Death Star)을 파괴할 수 있었다. 다크라이터에 관해 알려진 것은 많지 않다. 그가 어디 출신이고 어떤 친구들이 있고 어떤 여행을 위해 우주선을 몰고 저항군에 합류하게 되었으며 평화가 온 뒤에 무엇을 하고 싶었는지 등에 관해서는 전혀 모른다. 하지만 그가 없다면 〈스타워즈〉 이야기는 계속 진행되지 못했을 것이다. 반란 성공, 요다(Yoda)와의 재회, 레이(Rey), 핀(Finn), 포(Poe), 카일로(Kylo)의 구출 등 저 멀리 은하계에서의 해피엔딩은 없었을 것이다. 하지만 다크라이터 덕분에 해피엔딩이 이루어졌다. 그런데 대부분의 사람들이 그의 이름을 들어본 적이 없다. 왜일까?

〈스타워즈〉의 주인공은 다크라이터가 아닌 스카이워커이기 때문이다. 그리고 혹시 다크라이터와 이야기를 할 수 있다면(그럴 수는 없다. 스포일러 주의! 그는 죽었기 때문이다. 또 다른 스포일러 주의! 〈스타워즈〉는 현실이 아니다), 필시 그는 전체 이야기 속에서 자신의 작은 부분이 주인공 스카이워커의 목적에 성공적으로 일조했기 때문에 우리가 자신을 몰라도 상관없다고 말할 것이다.

이 우주에서 펼쳐지는 이야기 속에서 당신과 나는 다크라이터와 비슷한 역할을 한다. 우리는 주인공 스카이워커가 아니다. 우리는 가끔 스스로를 주인공으로 생각하지만 전혀 아니다. 주인공은 엄연히 예수님이다.

이 우주는 예수님을 위해 창조되었으며, 그분의 이름은 온 우주에서 가장 찬양을 받아 마땅하다. 우리가 그분의 이야기에서 단역을 잘 감당하여 사람들이 그분의 이름을 '거룩히 여기게' 된다면 우리의 인생은 대성공이다.

우리 인생의 사건들이 우리에 관한 것이 아니며 이 세상은 우리를 섬기기 위해 존재하는 것이 아니라는 점을 이해할 때에만 올바로 기도할 수 있다. "이름이 거룩히 여김을 받으시오며"는 우리의 이름이 아닌 그분의 이름을 높이 겠다고 하나님께 고백하고 스스로에게 다짐하는 말이다.

하나님이 우리를 번영하게 하심으로 사람들 앞에서 그분의 이름을 거룩하게 하실 수 있다. 우리의 성공을 통해 그분의 나라를 확장하고 받은 복에 대해 하나님께 영광을 돌릴 수 있다. 하지만 하나님은 우리에게 고난을 허락하심으로 그분의 이름을 거룩하게 하실 수도 있다. 우리가 나쁜 상황이나 질병의 한복판에서도 기쁨을 잃지 않을 때 그 모습을 통해 건강이나 부를 비롯한 세상의 그 무엇보다도 그분이 아름답다는 고백이 될 수 있다. 그럴 때 그분의 이름이 거룩히 여김을 받으신다.

병자가 나을 때 하나님이 영광을 받으신다. 하지만 병자가 아픈 가운데서도, 심지어 죽어가면서도 옳은 모습을 잃지 않을 때 하나님이 영광을 받으신다. 가장 중요한 일은 모든 일에 대하여 "하나님께 영광"을 돌리는 것이다.

하나님을 가장 아름답고 가장 찬양을 받아 마땅하신 대상으로 여기면 기꺼이 이렇게 말할 수 있다. "제 삶이 어떻게 흘러가든지 제 간구의 응답이 어떠하든지 상관없이, 당신이 제게 필요한 전부입니다. 다른 무엇보다도 당신의 칭찬을 원합니다. 그러니 이름이 거룩히 여김을 받으시옵소서."

나라가 임하오시며 뜻이 이루어지이다

지금쯤 기도의 모델(주기도문)이 하나님께 뭔가를 요청하는 것이 아니라, 하나님의 위대하심을 고백하는 것으로 시작된다는 사실을 알았으리라 믿는다. 다시 말해, 기도의 모델은 간청이 아닌 찬양으로 시작된다. 우리에게 하나님을 아는 것보다 더 중요한 일이 없기 때문이다. 하나님으로 놀라워하고 만족하고 매혹되지 않는다면 옳은 것을 옳게 요청하지 않게 된다. 따라서 우리는 하나님이 주시는 그 어떤 것보다도 하나님께 관심을 두어야 한다.

그래서 예수님은 하나님을 찬양하라고 가르치신 뒤에도 곧바로 기도의 "~을 주세요" 부분으로 넘어가지 않으신다. 예수님은 그에 앞서 하나님께 복종할 것부터 명령하신다. 이것이 10절의 내용이다.

"나라가 임하시오며 뜻이 하늘에서 이루어진 것 같이 땅에서도 이루어지이다"(마 6:10).

이는 곧 우리의 뜻을 하나님의 뜻 앞에 내려놓는 일이다. 잊지 말라. 기도의 본질은 우리의 계획에 하나님을 동원하는 것이 아니라 그분의 계획에 동참하게 해 달라는 요청이다. 우리의 기도는 우리의 뜻을 위해 하나님의 도우심을 얻는 것이 아니라 그분의 뜻을 거들게 해 달라는 요청이다. 이것을 깨달으면 우리의 기도 생활이 근본적으로 변한다.

우리의 작은 모래 왕국을 짓기 위해 하나님의 도우심을 구하지 않게 된다. 우리를 통해 하나님의 영원하신 나라를 세우게 해 달라고 기도하게 된다. 우리 안에 하나님의 나라가 이루어져 우리의 삶이 점점 그분의 목적과 정렬되게 해 달라고 기도하게 된다. 그분의 뜻이 우리의 뜻과 같지 않아도 언제나 그분의 뜻이 훨씬 더 낫기 때문에 그 뜻이 이루어지게 해 달라고 기도하게 된다.

무엇보다도 하늘은 하나님의 뜻이 완벽하게 이루어지는 곳이다. 이곳에서보다 그곳에서 훨씬 더 좋은 결과가 나타난다! 따라서 우리는 "하나님, 저는 이것을 원하지만 당신의 계획이 언제나 더 낫습니다!"라고 말하는 법을 배워야 한다.

유진 피터슨(Eugene Peterson)은 "나라가 임하시오며"와 "뜻이 이루어지이다"가 효력 있는 기도(effective prayer)의 두 가지 측면을 잘 보여 준다고 말한다. 첫 번째 부분은 하나님의 나라를 우리의 망가진 상황 속으로 가져와 회복시켜 달라고 요청하는 적극적인 기도이다.

두 번째 부분은 항복의 기도이다. 우리가 원하는 것을 얻지 못해도 하나님의 뜻이 더 좋다고 고백하는 기도이다. 피터슨은 이 둘을 시편의 기도와 연결시켰다. 그는 이 기도들을 "아침 기도"와 "저녁 기도"라고 불렀다. 아침 기도는 우리를 사용하여 우리의 상황을 변화시켜 달라는 기도이고, 저녁 기도는 하나님의 더 좋은 뜻에 기꺼이 항복하는 기도이다. 우리가 어떠한 상황 가운데 있어도 하나님의 섭리적 보호 아래에 있는 안전함을 이길 수 없다.

잊지 말라. '주기도문'은 우리가 어떻게 기도해야 할 것인지를 알려 주는 큰 틀이다. 따라서 각 문장을 그대로 암송하고 "아멘" 한 다음 기도를 마치지 말라! 각 문장은 하나님과 대화하기 위한 도약대 역할을 한다.

"나라가 임하시오며"라는 구절을 큰 틀로 삼아 기도하는 최선의 방법은 무엇일까? 먼저 성경 구절을 선택하라.

성경에서 하나님의 약속, 경고, 초대, 명령을 찾아 기도하라. 하나님이 세상 속에서 무엇을 하기를 원하시는지 알고 싶은가? 어렵지 않다. 우리는 이미 성경이라는 상세한 설명서를 가지고 있다. 성경으로 기도하는 것이 곧 하나님의 나라가 임하기를 위한 기도이다.

단적으로 표현하면, 하늘에서 시작된 기도야말로 하늘에서 듣는 기도이다. 우리의 기도가 하나님이 밝혀 주신 목적과 얼마나 일치하는가? 우리의 기도가 하나님의 나라가 임하고 그분의 뜻이 이루어지는 일을 위한 기도인가? 예를 들어, 우리는 지구상의 모든 사람이 회개하고 예수님을 믿는 것이 하나님이 원하시는 바임을 알고 있다. 만약 우리가 지난주에 드린 모든 기도를 하나님이 단번에 이루어 주신다면 얼마나 많은 사람이 그분의 나라에 새로 들어올까?

마크 배터슨(Mark Batterson)은 《서클 메이커》에서 이런 표현을 사용한다. "우리의 가장 강력한 기도는 하나님의 약속에 링크되어(hyperlinked) 있다."[8] 이 비유가 정말 마음에 든다. 우리의 기도는 우리를 성경 구절들로 안내해 줄 단어들을 클릭할 때 강력해진다. 하나님께 그분의 말씀으로 기도를 드리면 3장에서 보았듯이 그 기도는 진정으로 상황을 변화시키는 기도가 된다. 성경은 무려 3천 개 이상의 약속으로 이루어진 책이다. 그중 단 하나의 약속이라도 주장하지 않은 채 버려 두지 말라!

성경을 그냥 쭉 읽기만 하지 말고 구절 하나하나로 기도하라. 실제로 성경은 그렇게 읽도록 쓰인 책이다.

세 가지 실천적인 제안을 하고 싶다. 첫째, 성경에서 약속, 경고, 초대, 명령, 무엇이든 특별히 눈에 들어오는 것들로 하루를 시작하라. 그 구절로 기도를 시작하라. 우리 교회에서는 'HEAR'이라는 두문자어를 사용한다.

- 성경을 읽으면서 특별히 눈에 들어오는 것들에 주목하라(Highlight).
- 그것들을 제대로 이해하기 위해 조사하라(Examine). 스터디 바이블이나 주석서를 사용해도 좋다.
- 그것들을 적용해서(Apply) 당신의 삶에 어떤 영향을 미칠지 파악하라.
- 기도로 그것들에 반응하라(Respond). 약속을 주장하라. 도움을 요청하라.

둘째, 하나님의 말씀을 외우라. 성경 구절을 자유자재로 인용해서 기도하는 성도들을 보면 참으로 존경스럽다. 하나의 성경적 표현이 다음 표현으로 자연스럽게 이어진다. 기도의 모든 문장이 성경과 연결된다. 그렇게 되면 사실상 하나님이 그들의 기도를 쓰는 셈이다. 이런 기도는 저절로 이루어지지 않는다. 평생 성경을 공부하고 또 공부한 결과이다. 하나님의 말씀들을 머릿속에 담고 살아가면 그분의 약속들이 가슴속에서 되살아나기가 훨씬 더 쉽다.

작은 노력이 큰 열매로 이어진다. 매달 딱 두개의 구절만 외우는 것을 목표로 삼으라. 이렇게만 해도 기도 생활에 큰 활력과 기쁨과 확신이 솟아난다.

마지막으로, 성령님과 함께 기도하라. 성령님은 이 땅에서 하나님의 나라를 넓히는 일을 책임지신다(행 1:8). 하나님의 사명을 실행하시는 우리의 보혜사이다(요 14:16). 하나님의 뜻을 아는 분이며(고전 2:10-12), 우리가 무슨 말을 해야 할지 잘 모를 때를 비롯해서 우리의 기도를 도우신다(롬 8:26-27). 따라서 "나라가 임하시오며 … 뜻이 이루어지이다"라고 말하는 것은 성령께 하나님의 뜻을 실시간으로 알려 주고 우리를 통해 그 뜻을 이루게 해 달라는 요청이다.

기도는 말하는 것이 아니다. 기도는 성령님이 하나님의 나라를 위해 어떤 일이 필요하며 그 일에서 우리가 어떤 역할을 해야 하는지 알려 주시는 일에 귀를 기울이는 행위이다. 다시 말해, 기도는 쌍방향 대화이다. 따라서 우리는 기도하는 내내 귀를 쫑긋하는 습관을 길러야 한다.

기도하는 중에 떠오르는 모든 생각을 성령님의 음성으로 여겨야 한다는 뜻이 아니다. 기도 중에 어떤 확신이 강하게 일었다고 해서 그것이 하나님의 말씀과 같은 권위를 지닌다는 뜻은 전혀 아니다. "하나님이 내게 이렇게 하라고 말씀하셨어." "하나님께서 당신이 이렇게 해야 한다고 말씀하셨어." 이런 말보다 더 큰 해를 입힌 말도 없다. "주님이 이렇게 말씀하셨다"라고 선언하려면 그것을 뒷받침해 줄 성경의 장과 구절을 찾아야 한다.

그럼에도 하나님이 성령을 통해 그분의 백성들에게 말씀하신다는 사실만큼은 인정해야 한다. 사도행전에서는 성령이 59번이나 언급된다. 그중에서 36번은 성령이 말씀하시는 내용이다. 그런데 사도행전 기자는 그 36번에 관해 성령이 정확히 어떤 방법으로 말씀하셨는지 말해 주지 않는다. 여러 사람의 머릿속에 동시에 같은 생각이 떠올랐을까? 말하는 사람의 머리 위에서 작은 후광 같은 것이 떠올랐을까? 안타깝게도 성경은 아무런 말을 해 주지 않는다. 이는 우리를 답답하게 만들려는 것이 아니라 겸손하게 만들려는 의도라고 생각한다. 성령이 직접적으로 주셨다고 '생각되는' 말씀에 대해서 성경을 통해 주시는 말씀만큼 확신해서는 안된다.

하지만 성령이 어떻게 말씀하셨는지는 모르되 성령님이 말씀하셨다는 사실만큼은 분명하다. 사도행전에는 성령님의 인도하시는 음성이 계속해서 나타난다.

혹시 고개를 흔들며 이렇게 말하고 있는가? "에이, 그건 사도행전이잖아. 그리고 그들은 사도들이에요. 우리와는 달라." 무슨 말인지 이해한다. 분명 당시에는 특별한 일이 일어났다. 무엇보다도 사도들은 신약성경 기록이라는 특별한 사명을 받았기 때문이다(요 14:25-26). 하지만 사도행전 어디에도 성령님이 교회를 이끄는 시대가 사도들의 퇴장과 함께 지났다고 암시하는 구절은 없다. 사실, 사도행전에서 성령님과 동행했던 크리스천들의 경험들이 현재 우리의 경험과 전혀 다르지 않다.

존 뉴턴(John Newton)은 오늘날의 안타까운 상황을 잘 짚었다. "교회의 초창기에는 필수적인 것이 우리 시대에는 불필요한 것이 되어 버렸다"라며 탄식했다.

따라서 성령의 음성을 분별하는 지혜를 발휘하는 동시에 우리의 기도 생활에서 성령을 완전히 배제하지 않도록 주의해야 한다. 성령은 우리의 기도에 능력을 부어 주신다. 바울은 우리가 기도할 때 성령이 "믿음"을 주신다고 말한다(고전 12:9). 성령은 특정한 상황에서 하나님이 무엇을 하기를 원하시는지 분별할 수 있는 지혜와 함께 그 일을 할 확신을 주신다. 당신의 기도가 강력하고 효력이 있기를 원한다면 아버지에게 기도할 뿐 아니라 성령과 함께 기도하는 법을 배우라.

기도하면서 하나님께 이렇게 말해 보라. "하나님, 오늘 당신에게 일방적으로 기도하는 것을 원하지 않습니다. 당신과 함께 기도하기를 원합니다. 성령님, 제가 기도할 때 제 안에서 역사해 주십시오. 지금 저는 말하기 위해서만 무릎을 꿇고 있지 않습니다. 아버지의 음성을 들을 준비도 되어 있습니다."

성령님의 인도하심을 받으면서 말씀의 가르침을 받으라. 한번 해 보라. 얼마나 흥미진진한지 모른다.

기도를 시작하기에 적합한 장소

　지금쯤 이 짧은 기도의 모델(주기도문)에 처음보다 훨씬 더 많은 것이 담겨 있다는 마틴 루터의 말의 의미가 느껴져 고개를 끄덕이게 되었기를 바란다. 하지만 우리는 아직 기도의 '요청' 부분에 이르지도 않았다.
　이것을 교훈으로 삼기 바란다. 우리에게 필요한 것으로 성급하게 넘어가기 전에 먼저 하나님 앞에 서서 놀라워해야 한다. 그럴 때만이 비로소 올바로 요청할 수 있다. 효력 있는 기도의 핵심은 간청이 아닌 자세에 있다.
　하나님의 진면목을 보고 자신의 적나라한 모습을 보고 나면 비로소 필요한 것을 요청할 준비가 된다. 바로 이것이 다음 장의 주제이다.

CHAPTER 6

오늘을 위한 기도

숨김없이, 남김없이 모든 필요를 아뢰라

이번 장, 기도 요청에 관해 알기 위해서는 앞서 살펴본 '자세'의 중요성을 아무리 강조해도 지나치지 않다. 하지만 우리는 필요할 때 기도의 자리로 나아간다. 이는 전혀 문제가 아니다. 오히려 하나님이 그렇게 만드시는 것이라고도 말할 수 있다.

이것이 기도 모델(주기도문)의 후반부가 요청에 관한 것인 이유이다.

오늘 우리에게 일용할 양식을 주시옵고

우리 중에 하나님께 말 그대로 일용할 양식을 구할 생각을 하는 사람은 별로 없다. 대부분의 사람들이 다음 끼니 걱정을 하지 않고 살기 때문이다. 2020년에 두루마리 화장지가 떨어질까 봐 걱정하는 사람들은 많았다. 하지만 먹을 것이 떨어질까 봐 걱정한 사람은 거의 없었다. 물론 안타까운 예외도 있다. 하지만 우리 대부분에게 굶주림은 걱정거리가 아니다.

우리의 상황이 얼마나 예외적인 편안한 것인지를 아는

사람은 그리 많지 않다. 하지만 세상의 다른 지역에 사는 영적 형제자매들과 다른 시대에 살았던 성도들에게는 매일의 양식을 요청하는 것이 전혀 이상한 일이 아니었다. 이런 요청이 그들에게는 자연스럽지만 우리에게는 낯설다. 물론 이것은 축복이다. 하지만 이 안락함은 우리를 훨씬 더 참담한 기만에 빠뜨릴 수 있다. 즉 우리가 독립적이자 자율적이며 자족한 반신반인이라고 착각하게 만들 수 있다.

그러다 조만간 삶의 큰 문제에 의해 정신을 차린다. 눈에 보이지 않을 만큼 미세한 바이러스가 창궐하여 우리가 아는 삶의 방식을 무너뜨린다. 주식 폭락 한 번에 전 재산이 날아간다. 사장의 예기치 못한 호출 한 번에 거창하게 세웠던 인생 계획이 무산된다. 의사의 진단은 삶을 송두리째 뒤흔든다.

집집마다 냉장고에 식재료가 가득하다 해도 "오늘 우리에게 일용할 양식을 주시옵고"는 생각보다 우리에게 더 필요한 말씀일 수 있다. "일용할 양식을 주시옵고"는 우리가 하나님의 뜻을 이루기 위해 필요한 것에 대해 매일, 매순간 하나님의 도우심이 필요하다는 고백이다.

헬라어에서 이 구절은 문자적으로 '오늘의 빵'을 의미한다. 무엇이든지 오늘 하나님이 명령하신 일을 하기 위해서 필요한 모든 것이 여기에 해당된다. "예수님은 왜 빵이라는 비유를 사용하셨을까?"라는 의문이 들 수 있다. 예로부터 여러 문화권에서 빵은 기본적인 양식이었다. 따라서 빵을 달라고 요청하는 것은 "하나님, 어려운 일은 물론이고 인생의 가장 기본적인 요소들에서도 당신을 의지합니다"라는 고백이다.

나아가 예수님은 '빵'이란 표현을 사용하심으로써 유대인 청중으로 하여금 그 옛날 출애굽 당시 광야에서 방황하던 시절을 떠올리게 만드셨다. 하나님의 백성들은 종살이에서 해방된 뒤 약속의 땅으로 가기 위해 광야를 통과해야만 했다. 광야는 아무리 둘러 보아도 먹을 것이 없었다. 하지만 매일 아침 눈을 뜨면 진영 주변의 땅에 달콤한 "만나"(문자적으로 "무엇이지?"란 뜻)란 음식이 떨어져 있었다. 만나 덕분에 하나님의 백성들은 광야를 지나는 40년 동안 매일 끼니를 거르지 않았다(출 16장). 만나는 매일 어김없이, 그리고 충분히 나타났다. 그것으로 만나 빵과 만나 푸딩과 만나 마카로니를 만들어 먹으며 모두가 행복함을 느꼈다.

하지만 몇몇의 이스라엘 백성은 항상 당일에, 당일의

음식만 공급된다는 점에 불만이 생겼다. 하나님은 쌓아 두지 말고 그날에 필요한 만큼만 만나를 챙기라는 엄격한 지시를 내리셨다. 이에 평소에 걱정이 많은 사람들은 이렇게 생각했다. '혹시 음식이 부족해지면 어떻게 하지? 만나가 많이 내리지 않는 지역이라면 어떻게 하지? 비 오는 날을 위해 만나를 조금이라도 저장해 두는 것이 현명하지 않을까?'

하지만 그들이 남는 만나를 따로 챙기자 모두 썩고 벌레가 생겼다(출 16:19-20). 왜 이런 일이 생긴 것일까? 매일같이 일용할 양식에 대해서 하나님을 의지해야 했기 때문이다.

하나님은 우리도 그렇게 하기를 원하신다. 그래서 하나님은 일용할 양식을 위해 기도하라고 가르치신다. 그날 하나님의 뜻을 행하기 위해 필요한 것을 그날 공급해 주실 줄 믿으라고 말씀하신다.

이는 냉장고에 음식을 저장하거나 통장에 돈을 저축하거나 미래를 계획하지 말라는 뜻이 아니다. 다만 우리에게 필요한 것에 대한 궁극적인 공급자이신 하나님을 항상 바라보라는 뜻이다. 미래가 불투명해 보일 때, 향후 10년이 메마른 광야처럼 보일 때, 오늘 공급해 주신 하나님이 내일도 돌보아 주실 줄 믿어야 한다는 뜻이다.

우리에게 필요한 빵 이상의 것

여기서 예수님은 빵 이상의 것에 관해 말씀하신다. 이 설교 전에 이루어진 유명한 사탄의 시험에서 예수님은 사탄에게 선포하셨다. "사람이 떡으로만 살 것이 아니요 하나님의 입으로부터 나오는 모든 말씀으로 살 것이라"(마 4:4). 인간의 몸은 양식에서 연료를 얻지만 인간의 영혼은 다른 종류의 양식을 필요로 한다. 바로, 매일 하나님의 지혜와 능력과 은혜를 필요로 한다.

매일의 양식은 하나님이 부르신 일을 온전히 감당하기 위해 필요한 모든 것을 의미한다. 하나님은 자녀를 양육하기 위해 필요한 지혜를 부어 주신다. 좋은 결정을 내리기 위한 인도하심도 주신다. 시험을 이길 힘도 주신다. 가정을 잘 이끌거나 미혼의 삶을 잘 영위하기 위한 은혜를 주신다. 효과적인 전도자가 되기 위해 필요한 말을 주신다. 하나님이 주신 일을 잘 감당하기 위해 필요한 모든 것을 공급해 주신다.

바울은 아무것도 염려하지 말고 매사에 요청할 것을 하나님께 아뢰라고 말한다(빌 4:6). 우리는 무엇이든 구할 수 있고 자족하시고 무한히 후하신 하나님이 매일 필요한 모든 것을 주실 테니 걱정할 일이 하나도 없다.

성경 속 인물들이 무엇을 위해 기도했는지 찾아서 정리한 적이 있다. 예상한 대로 많은 요청이 영적이었다. 하지만 개중에는 실용적인 요청도 있었다. 특별한 순서 없이 몇 부분을 소개한다.

- 한나는 아들을 달라고 기도했다(삼상 1장).
- 솔로몬은 지혜를 달라고 기도했다(왕상 3장).
- 마노아는 하나님께 아들을 키우는 법을 알려 달라고 기도했다(삿 13:8).
- 엘리에셀은 주인의 아들 이삭에게 소개해 줄 좋은 짝을 만나게 해 달라고 기도했다(창 24장).
- 여호수아는 일을 마무리할 시간을 더 벌기 위해 태양이 멈추게 해 달라고 기도했다(수 10:12-13).
- 다윗은 환난 중의 도움을 위해 기도했다(시 86:1-2).
- 히스기야는 침공해 온 군대를 물리쳐 달라고 기도했다(왕하 19:19).
- 다니엘은 꿈의 의미를 해석해 달라고 기도했다(단 2:3, 17-19).

- 야곱은 분노한 형에게서 자신을 안전하게 보호해 달라고 기도했다(창 32:9-12).
- 기드온은 하나님이 시키신 일에 대한 확증을 달라고 두 번이나 기도했다(삿 6:36-40).
- 엘리야는 비가 내리지 않게 해 달라고 기도했다(약 5:17).
- 그리고 나중에는 비가 오게 해 달라고 기도했다(약 5:18).
- 느헤미야는 자신의 상관에게 엄청난 요청을 할 용기를 달라고 기도했다(느 2:4).
- 야고보는 병자들이 낫게 해 달라고 기도했다(약 5:15).
- 절박한 아버지는 죽어가는 딸을 위해 기도했다(막 5:21-43).
- 바울은 가서 친구들을 볼 수 있게 해 달라고 기도했다(살전 3:9-13).
- 초대교회는 핍박 앞에서의 담대함을 위해 기도했다(행 4:24-30).
- 요한은 예수님의 재림을 위해 기도했다(계 22:20).

이 외에도 예를 들자면 끝이 없다. 성경 곳곳에서 뭐든 자신에게 중요한 것을 놓고 기도한 사람들을 만날 수 있다. 그들은 해야 할 일에 꼭 필요해 보이는 것을 달라고 기도했다. 이것을 보면 하나님은 우리가 무엇이든지 요청하기를 원하시는 것이 분명하다.

내가 깨닫기까지 너무도 오래 걸린 사실 중 하나는, 우리에게 중요한 것은 하나님께도 중요하기 때문에 그것이 무엇이든 요청해도 된다는 사실이다. 그럴 때 "모든 지각에 뛰어난 하나님의 평강이 그리스도 예수 안에서 너희 마음과 생각을 지키시리라"라는 말씀이 이루어진다.

그것은 하나님이 정직하게 행하고 그분을 의지하는 자에게는 모든 좋은 것을 아끼시지 않기 때문이다(빌 4:6-7; 시 84:11-12). "주의 이름을 아는 자는 주를 의지하오리니 이는 주를 찾는 자들을 버리지 아니하심이니이다"라는 말씀이 사실임을 믿어야 한다(시 9:10).

나는 살면서 온갖 사람들에게 실망했다. 무엇보다도 파렴치한 J. D. 그리어란 작자에게 크게 실망했다. 하지만 하나님은 한 번도 나를 실망시키시지 않았다. 그래서 나는 이렇게 말할 수 있다. "하나님, 오늘 제게 필요한 것을 공급해 주십시오. 전혀 걱정하지 않습니다. 제가 오늘 해야 할 모든 선한 일에 필요한 것을 주실 줄 믿기 때문입니다. 제게 필요한 것이 빵이라면 빵을 주실 줄 믿습니다. 활력, 통찰력, 용기, 건강, 사람, 심지어 태양이 멈추는 것까지 무엇이든 필요한 것을 공급해 주실 줄 믿습니다."

《일상 기도》에 담긴 폴 밀러의 말을 다시 빌린다. "기도하는 법을 배우면 덜 바쁜 삶을 얻지 않는다. 대신, 덜 바쁜 마음을 얻는다. 바삐 돌아가는 바깥세상의 한복판에서도 내적 고요함을 누릴 수 있다."[10]

그 옛날 광야에서 매일같이 기적의 만나를 공급해 주셨던 하나님이 오늘 우리에게 필요한 것을 아시고 기꺼이 공급해 주심을 믿으라. 이 사실을 기억하면 내적 고요함이 찾아온다. 물론 내일도 하나님은 똑같은 공급함으로 우리를 만나 주실 것이다. 우리는 매일 열심히 기도해야 한다.

"하나님, 오늘 우리에게 일용할 양식을 주옵소서."

우리 죄를 사하여 주시옵고

"우리 죄를 사하여 주시옵고"라는 표현은 "우리는 모두 죄인이어서 잘못을 저지르니 나를 비판하지 말라"라는 말이 아니다. 이 말은 은혜로우신 우리 아버지가 자신을 크게 희생하면서까지(우리의 많은 필요에 대해서는 하나님이 아주 간단하게 해결해 주실 수 있다. 예를 들어, 하나님은 손짓 한 번으로 물고기 2마리와 떡 5덩이를 불려 5천 명을 먹이실 수 있다) 우리에게 가장 필요한 것도 채워 주셨다는 사실을 상기시켜 준다. 우리에게 가장 필요한 것은 바로 용서이다. 우리의 용서를 사기 위해서는 그분의 아들이 십자가에서 피를 흘리셔야만 했다. 그럼에도 그분은 기꺼이 우리에게 용서를 베풀어 주셨다.

이 기도는 우리에게 계속해서 용서가 필요하다는 사실을 상기시켜 준다. 죄는 매일 쌓이는 빚과 같다. 우리는 자신의 행위가 아닌 그리스도의 완성된 사역을 통해 영원한 천국에 들어간다는 사실을 매일같이 새롭게 기억해야 한다. 회심의 순간 하나님의 용서를 받아들였다 해도 그 용서를 매일 스스로에게 적용해야 한다.

매일 우리의 마음은 다음과 같이 노래해야 한다.

"주의 은혜로 대속받아서
피와 같이 붉은 죄
눈 같이 희겠네."

나는 신학적으로는 이 사실을 이해하고 받아들인다. 하지만 현실 속에서는 주기도문의 이 부분을 건너뛰고 싶을 때가 많다. 하나님이 공급해 주셔야 하는 "양식"에 관해서는 쉽게 수만 가지를 떠올릴 수 있다. 하지만 예수님의 피를 통해 용서를 받아야 하는 죄를 찾기는 쉽지 않다.

반대로, 내 죄를 하나씩 찾다가 하나님이 이미 그 아들 예수의 피를 통해 나를 완전히 용서하셨다는 사실을 잊어버리고 수치의 늪에 빠져들기도 쉽다. 달리 표현하면 이렇다. 먼저, 나 자신을 너무 대단하게 여겨 자신은 용서가 필요 없다고 생각할 수 있다. 이는 맹목적인 교만이다. 반대로 자신을 너무 형편없게 여겨 하나님이 자신을 정말로 용서하셨을 리가 없다고 생각할 수 있다. 이는 불신이다.

이것이 "우리 죄를 사하여 주시옵고"라는 대목이 필요한 이유이다. 이 기도는 현대의 한 위대한 찬송가 가사처럼 "우리의 죄 많으나 그의 자비 더욱 크도다"라는 사실을 기억나게 해 준다.

다시 말하지만 이 기도는 하나의 틀이다. "죄"라는 대목에서 우리는 구체적인 죄들을 떠올려야 한다. 죄의 고백은 크리스천의 삶에서 자주 간과되지만 매우 중요한 측면이다. 죄가 우리 안에서 계속해서 자라고 퍼지지 않도록 없애 주기 때문이다. 아울러 죄를 고백할 때 하나님의 자비가 얼마나 넓고 깊고 놀라운지를 다시금 기억할 수 있다.

죄를 고백하면 우리를 지배하던 죄의 힘이 사라진다. 죄는 곰팡이와 같다. 어둠 속에서는 번성하지만 환한 곳에서는 사라진다. 하나님 앞에서 죄를 구체적으로 고백하며 변명의 여지가 없다고 인정해야 한다. 죄는 단순한 '실수'나 '판단 착오'가 아니라 고의적이고 지독한 부패이다. 얼마나 지독한지 죄를 도말하기 위해 예수님이 목숨을 내놓으셔야 했다. 이 점을 인정하면 죄의 힘이 소멸된다. 죄를 예수님 앞에 드러내면 그분이 용서해 주신다. 반대로, 죄를 숨기려고 하면 그 죄가 우리를 파멸로 이끈다.

나는 고백을 어려워한다. 내가 완벽하다는 환상 속에서 살기 때문이 아니라 내 죄를 떠올리기가 괴롭기 때문이다. 그래서 죄를 고백하기 위해 무릎을 꿇으면 대개 아무것도 생각이 나질 않는다. 내 무의식이 잘못을 내면 깊은 곳에 꽁꽁 숨기고서 꺼내놓지는 않는다. 이런 문제를 고백하자 한 멘토는 아내의 도움을 받아보라고 권했다. 내가 계속해서 잘못을 저지르는 부분들을 아내가 지적해 주면 내 일기장에 받아 적으라고 했다. 하지만 이것은 대실수였다! 마치 아내는 오랫동안 이날을 기다려 온 사람처럼 쉴 새 없이 입을 움직였다. 얼마나 빨리 내 문제점을 나열하는지 받아 적기 힘들 정도였다. 결국 나는 아내에게 내 문제점을 대여섯 가지 범주로 정리해 달라고 부탁했다. 그때는 기분이 썩 좋지 않았지만 지금은 때마다 그 범주들을 검토하면서 각 범주에서 내가 어떤 잘못을 저질렀는지 생각나게 해 달라고 성령님께 간청한다. 몇 년의 세월 동안 성령님은 전혀 몰랐던 문제점들을 차례로 밝혀 주셨다.

고백은 예수님을 향한 사랑을 자라게 만든다. 자기 죄의 깊이를 이해할수록 그분의 사랑의 크기를 더 깨닫게 되기 때문이다. 빅토리아 시대 영국의 위대한 설교자 찰스 시미언(Charles Simeon)은 이것을 "아래로 성장하기"라고 불렀다. 이는 하나님 앞에서 자신을 끊임없이 낮추고 십자가 발치로 점점 더 가까이 나아가 다음과 같이 고백하는 것을 의미한다.

"우리의 죄 많으나 그의 자비 더욱 크도다.

많이 용서받은 사람이 많이 사랑한다"(눅 7:47).

우리가 우리에게 죄 지은 자를 사하여 준 것 같이

죄의 고백도 어렵지만 예수님이 우리에게 요구하시는 기준은 훨씬 더 어렵다. "우리가 우리에게 죄 지은 자를 사하여 준 것 같이 우리 죄를 사하여 주시옵고."

우리가 얼마나 큰 죄를 용서받았는지 깨달으면 마음속에 사람들을 향한 연민이 생겨야 한다. 이런 종류의 은혜가 우리의 마음에 가득하지 않다면 애초에 우리가 하나님의 은혜를 경험한 적이 없는지 의심해 보아야 마땅하다. 우리가 큰 죄를 용서받았다는 사실을 알면서도 남들을 용서하지 않는 것은 불가능한 일이기 때문이다. 예수님은 이 기도의 모델(주기도문)을 주신 직후에도 이렇게 덧붙이셨다.

"너희가 사람의 잘못을 용서하지 아니하면 너희 아버지께서도 너희 잘못을 용서하지 아니하시리라"(마 6:15).

여기서 예수님은 '믿음을 통한 구원'의 원칙을 뒤집으신 것이 아니다. 남들을 용서하는 행위가 구원의 전제 조건이라는 뜻이 아니다. 예수님은 단지 하나님의 놀라운 은혜를 제대로 이해하고도 남들에게 은혜를 베풀지 않는 것은 불가능하다고 말씀하신 것이다. 사람들에 대한 용서와 관대함, 공감은 우리가 하나님의 은혜를 실제로 경험했는지 보여 주는 시금석이다.

용서의 마음은 인간의 의지로 얻을 수 있는 것이 아니다. 명령으로도 불가능하다. 굶주린 사람에게 포만감을 느끼라고 명령해 봐야 소용이 없는 것과 마찬가지이다. 내가 복을 받아 마땅하기 때문에 하나님이 내게 복을 주신다고 생각하면 남들에게도 행동에 걸맞은 대우만 해 줄 수 있을 뿐이다. 내게 상처나 실망감을 안겨 준 사람 혹은 내 기준에 못 미치는 사람은 내 친절을 받을 자격이 없다고 생각한다. 상대방이 내게 저지른 죄를 떠올리며 '나라면 절대 저런 짓을 저지르지 않을 거야'라고 생각하면 용서를 베풀 수 없다. 하지만 내가 하나님께 똑같은 행동, 아니 훨씬 더 심한 짓을 저질렀다는 사실을 깨달으면 용서가 숨쉬기만큼이나 자연스러운 반응이 된다.

수많은 자칭 크리스천들이 용서를 모르는 이유는 복음의 능력을 경험한 적이 없기 때문이다. 얼마나 '크리스천'처럼 보이고, 성경 구절을 많이 알고, 사역을 열심히 하고, 교회에 오랫동안 다녔느냐는 중요하지 않다. 하나님이 탕감해 주신 우리의 빚이 다른 사람들이 우리에게 지은 그 어떤 죄보다도 크다는 사실을 깨닫지 못하고 있다면, 하나님이 그리스도 안에서 우리를 얼마나 더 많이 용서해 주셨는지를 몰라 타인을 용서하지 못한다면, 우리가 정말로 크리스천인지를 매우 진지하게 돌아보아야 한다.

복음을 믿으면 용서가 쉬워진다는 뜻이 아니다. 다만 용서가 가능해진다는 뜻이다. 자신이 받은 용서를 되새기면 남들을 용서할 수 있도록 변화되고 자유로워진다. 나는 이 교훈을 결혼 초기에 얻었다. 아내 베로니카(Veronica)는 정말 멋진 여자이다. 단연 이 땅에서 하나님이 내게 주신 가장 귀한 선물이다. 하지만 나처럼 아내도 죄인이다. 그래서 가끔 내게 상처와 실망감을 준다. 그럴 때 결혼 초기에 나의 반응은 분노하고 용서하지 않는 것이었다. 내가 그보다 더 좋은 대접을 받아야 한다고 생각했기 때문이다.

그러던 어느 날 한 친구가 내가 아내에게 지적하는 이

기적인 모습들이 내게서도 똑같이 나타나고 있다는 사실을 지적했다. 또한 그는 아내가 나를 실망시킨 것보다 훨씬 더 내가 하나님을 실망시켰지만 하나님은 상관없이 나를 받아 주시고 용서하시고 은혜롭게 대해 주셨다는 사실을 일깨워 주었다. 그 순간(그렇다. 그 순간을 정확히 기억한다) 내 마음이 부드러워졌다. 덕분에 우리 가정이 회복되었다. "아내에게 받아 마땅한 대우를 하지 않을 것이다. 아내도 내게 받아 마땅한 대우를 하지 않게 해 달라고 기도할 것이다. 왜냐하면 하나님은 우리 모두에게 받아 마땅한 대우를 하시지 않았기 때문이다. 대신 하나님은 우리에게 받을 자격이 없는 복을 주셨다."

그렇게 고백했더니 우리 가정에 은혜의 문화가 형성되었다. 그 문화 덕분에 우리 가정은 회복되고 강해졌다.

이때 용서는 잘못을 지적만하고 다루지 않는다는 뜻이 아님에 주의해야 한다. 법적으로 적절한 절차를 밟아서 잘못을 바로잡으려고 하지 말아야 한다는 뜻이 아니다. 자신이나 사랑하는 사람들이 학대를 받는 상황을 그냥 묵인하는 것은 결코 용서가 아니다. 다만 용서는 원한을 품고 분노를 키우지 않는 것을 의미한다. 아이러니하게도 우리에게 상처를 준 사람을 향한 분노를 키울수록 그 사람에게서 벗어나기가 점점 더 힘들어진다. 반대로, 용서할 때 사람들이 우리에게 씌운 굴레가 벗겨지기 시작한다. 용서는 곧 자유이다.

용서는 쉽지 않지만 복음은 용서를 가능하게 만든다. 용서를 복의 조건보다는 우리가 먼저 그리스도에게 받은 은혜의 자연스러운 반응으로 생각하면 기꺼이 용서할 수 있다. 《당신을 위한 사사기》에서 팀 켈러의 말처럼 상대방에게 앙갚음하거나 속으로 "상처를 곱씹거나 상대방을 향한 나쁜 의지를 키우지" 않기로 결심할 수 있다.[11] 하나님이 우리를 위해 해 주신 일에 대한 감격이 있을 때만 진정한 용서가 가능하다.

따라서 예수님이 가르쳐 주신 "우리가 우리에게 죄 지은 자를 사하여 준 것 같이 우리 죄를 사하여 주시옵고"라는 기도에서 어려운 점만 보지 말고 그 안에 담긴 약속을 놓치지 않기를 바란다.

우리를 시험에 들게 하지 마시옵고
다만 악에서 구하시옵소서

나에 관한 고통스럽고도 창피한 사실 하나를 고백한다. 하나님의 은혜가 아니면 하나님을 향한 나의 사랑은 금방 시들고 잠깐 타오르던 경건한 삶은 이내 식어 버린다. 성경은 우리의 '자연적인' 상태(우리 안에서 하나님 은혜의 역사가 일어나지 않는 상태)가 얼마나 애처로운지를 분명히 보여 준다.

- 은혜 아니면 우리는 성령의 것들을 추구하지 않는다. 그것들이 어리석게만 보일 뿐이다(고전 2:13-14).
- 은혜 아니면 우리의 마음은 기만적이며 이기주의와 죄의 방향으로 기울어진다(렘 17:9; 약 1:14-15).
- 은혜 아니면 우리는 예수님을 주로 고백할 수 없다(고전 12:3).
- 은혜 아니면 하나님의 뜻을 행하려는 마음조차 품을 수 없다(빌 2:13).
- 바울은 은혜 아니면 "내 속 곧 내 육신에 선한 것이 거하지 아니하는"이라고 말한다(롬 7:18).

- 은혜 아니면 우리 모두에 대한 하나님의 판결은 이렇다. "기록된 바 의인은 없나니 하나도 없으며 깨닫는 자도 없고 하나님을 찾는 자도 없고 다 치우쳐 함께 무익하게 되고 선을 행하는 자는 없나니 하나도 없도다"(롬 3:11-13). 헬라어 원문에서 "다"는 하나도 예외가 없는 것을 의미한다.

우리 안에서 성령의 역사가 이루어지지 않으면 우리가 아무리 성경을 잘 알아도 그릇된 길로 갈 수밖에 없다. 성경에 따르면 죽을 때까지 우리와 함께하는 악한 육신은 바퀴 축이 심각하게 틀어진 자동차와도 같다. 두 손으로 핸들을 꽉 쥐고 있는 동안에는 길을 따라 똑바로 갈 수 있을지 모르지만 꽤 힘이 들고, 간식을 먹는답시고 잠시라도 핸들을 손에서 놓으면 당장 비틀거리며 가드레일 쪽으로 향한다. 불을 향해 달려드는 불나방처럼 우리는 악을 향해 간다. 찬송가 작사가 로버트 로빈슨(Robert Robinson)은 이런 표현을 사용한다. "우리 맘은 연약하여 범죄하기 쉬우니."

따라서 우리와 가족, 교회를 위해 이렇게 기도해야 한다. "우리를 시험에 들게 하지 마시옵고 다만 악에서 구하시옵소서."

여기서 "시험"은 우리 안에서 일어나는 악함이다. "악"은 시험을 일으키는 외부의 적의 공격이다. 우리는 매일 이렇게 기도해야 한다. "주님, 저를 제 자신에게서 지켜 주십시오. 아버지, 제가 죄를 향해 달려가지 않도록 억제시켜 주십시오. 당신의 영을 제게서 한순간이라도 거두어 가시면 저는 영적으로 무너질 수밖에 없습니다."

이번에도 역시 로버트 로빈스의 찬송가 가사를 빌려 보자. "하나님이 받으시고 천국 인을 치소서."

목회를 오래할수록 "우리 맘은 연약하여 범죄하기 쉬우니"라는 말을 더 실감하게 된다. 나와 함께 목회를 시작했던 친구들 중에 목회를 그만둔 친구가 얼마나 많은지를 생각하면 식은땀이 흐른다. 개중에는 아내를 떠난 친구들, 심지어 아예 예수님을 떠난 친구들도 있다. 8년 전, 미국에서 가장 영향력 높은 젊은 목사 10명 중 절반이 지금은 어디론가 증발해 버렸다. 그중 5명은 더 이상 목회를 하지 않는다. 하나님이 그들을 더 중요한 다른 일로 부르셨기 때문이 아니다. 그들은 거대한 교회와 사역 기관을 이끌고 베스트셀러를 출간했지만 심각한 권력 남용이나 탐욕이나 부도덕으로 인해 목사직을 잃고 말았다.

왜일까? 그들은 나보다 더 나은 인물처럼 보였다. 더 나은 설교자, 더 재능이 많은 목회자, 더 강력한 리더처럼 보였다. 그들은 내게 부족한 리더십과 인격을 갖춘 인물처럼 보였다. 그런데 왜 무너졌을까?

이 무너진 리더들 중 몇 명을 개인적으로 알고 지냈던 유명한 상담자이자 목사, 저자인 폴 트립(Paul Tripp) 박사에게 물어보았더니 그들의 삶에서 두 가지 공통적인 패턴이 발견되었다는 대답이 돌아왔다.

첫째, 그들은 공동체로부터 분리되었다. 즉 그들의 눈을 똑바로 쳐다보며 "이건 옳지 않습니다. 바뀌어야 합니다"라고 말해 줄 수 있는 사람들에게서 분리되었다.

둘째, 그들은 내재하는 죄의 힘을 망각했다. 이로 인해 진정한 공동체의 부재가 치명적인 결과로 이어졌다. 그들은 영적으로 '성숙한' 사람, 심지어 많은 열매를 맺고 있는 목사라고 해도 여전히 죄인이라는 사실을 잊어버렸다. 그들은 "선 줄로 생각하는 자는 넘어질까 조심하라"(고전 10:12)던 바울의 경고를 기억하지 않았다. 그로 인해 죄에 넘어가고 파멸하고 말았다. 그들은 매일 하나님께 이렇게 기도하는 일을 그만두었다. "아버지, 저를 시험에 들게 하지 마시고 악에서 구하소서. 그렇게 해 주시지 않으면 저는 자멸할 수밖에 없습니다."

나는 그들의 궤적을 따르고 싶지 않다. 내면의 악과 외부의 악에서 구해 달라고 기도하라는 예수님의 명령을 매일 마음에 다시 새기면 본 궤도에서 벗어나지 않을 수 있다.

경각심을 가져야 하지만 낙심할 필요는 없다. 감사하게도 하나님은 우리가 구하면 구해 주겠다고 약속하셨다. "하나님은 미쁘사 너희가 감당하지 못할 시험 당함을 허락하지 아니하시고 시험 당할 즈음에 또한 피할 길을 내사 너희로 능히 감당하게 하시느니라"(고전 10:13).

하나님은 우리를 포기할 수밖에 없는 상황으로 내모시지 않는다. 출구가 전혀 없거나 하나님의 은혜로 극복하지 못할 상황에 처하게 하시지 않는다. 하나님이 탈출구를 마련해 주실 것이다. 시험이 아무리 버겁게 느껴져도 우리 아버지는 언제나 도망칠 수 있는 뒷문을 마련해 놓으신다. 그분은 우리를 죄의 형벌에서 구하기 위해 돌아가셨고, 그 완성된 사역은 우리에게 순종의 삶을 살 힘을 준다.

아멘!

이 기도는 무엇보다도 우리가 어떻게 기도해야 할지에 관한 예수님의 가르침이다. 하지만 동시에 예수님이 생전에 어떻게 기도하셨는지를 엿보여 주는 작은 창문이기도 하다. 예수님은 하나님을 아버지라 부르셨다. 그리고 아버지의 이름이 영광을 받기 위해 기도하셨다(요 12:28). 아버지의 뜻이 이루어지게 해 달라고 기도하셨다. 예수님은 아버지의 나라를 우선시하셨다. 예수님은 아버지에게 매일의 양식을 요청하셨다. 예수님은 용서를 구할 필요가 없었지만 남들을 위해 용서를 구하셨고(눅 23:34), 그 용서를 확보하기 위해 자신을 바치셨다. 예수님은 시험을 이기기 위한 성령의 능력을 구하셨다(마 4:2).

아버지는 예수님이 이런 것을 구하실 때마다 어김없이 응답해 주셨다. 하지만 딱 한 번, 24시간 동안만은 침묵으로 반응하셨다. 겟세마네 동산에서 예수님은 세 번이나 아버지를 부르셨지만 돌아온 것은 침묵뿐이었다(막 14:35-41). 그리고 십자가 위에서 예수님은 난생 처음으로, 그리고 신약에서 유일하게 하나님을 아버지라고 부르시지 않았다. "나의 하나님, 나의 하나님, 어찌하여 나를 버리셨나이까"(막 15:34).

성부 하나님은 이 무시무시한 시험의 시간 동안 예수님을 처음이자 마지막으로 버리셨다. 이는 당신과 나를 영원히 받아주시기 위함이었다. 하나님은 우리를 향해 웃기 위해 아들에게 등을 돌리셨다. 하나님은 우리가 구원을 받을 수 있도록 아들을 악에서 구하시지 않고 악이 전력으로 퍼붓는 공격을 고스란히 당하게 하셨다. 그순간 하나님이 예수님께 귀를 닫으신 덕분에 우리는 그분이 우리의 간구를 들으시리라 확신할 수 있다. 우리를 그분의 나라로 데려가시고, 우리를 통해 사람들에게 그분의 나라를 가져가며, 우리를 용서하시고, 우리를 악에서 구하시며, 언제나 모든 양식을 공급해 주실 줄 확신할 수 있다.

예수님은 우리에게 기도하는 법을 가르치셨을 뿐 아니라 기도의 능력을 가르쳐 주셨다. 기도는 자녀와 그를 사랑하는 부모 사이의 대화이며, 예수님의 죽음을 통해 이런 기도가 가능해졌다. 이 사실을 이해하면 찬양하게 된다. 항복하게 된다. 쉬게 된다. 그리고 간구하게 된다.

CHAPTER 7

내일을 위한 기도

기도하면, 삶의 파도에도 내적 고요함을 유지할 수 있다

"하나님, 이 직장에 들어가야 할까요?

이 남자와 교제해야 할까요?

그녀와 헤어져야 할까요?

이사를 하는 것이 하나님의 뜻인가요?

어느 학교에 지원해야 할까요?

이 기회를 어떻게 해야 할까요?

하나님, 길을 보여 주세요!"

세월의 흐름과 함께 내 기도의 목록은 많이 바뀌었지만 한 가지만은 변함이 없다. 그것은 바로 인도하심을 구하는 기도이다. 내 인생에서 가장 큰 스트레스를 유발하는 것은 다음으로 무엇을 해야 할지에 대한 불확실성이다.

당신도 마찬가지일 것이다. 우리 삶의 가장 큰 긴장 요인 중 하나는 하나님의 인도하심을 구하고 기다리는 것이다. 하나님의 뜻을 어떻게 분별해야 할까? 이것이 내가 청년 수련회의 질의문답 시간에 단연 가장 많이 받는 질문이다.

하지만 약 반세기 전까지만 해도 크리스천들에게 인도하심은 큰 문제가 아니었다. 1500년대에서 1600년대까지 크리스천 삶의 모든 측면에 관해 쓴 옛 청교도들의 문서를 살펴보면 인도하심에 관한 언급은 거의 찾아보기 힘들다.

이는 21세기의 삶에는 정말 많은 선택사항이 있기 때문이 아닐까 싶다. 우리는 할아버지, 할머니 시대보다 훨씬 더 많은 선택사항들을 가지고 있다. 게다가 이 선택사항들이 광고를 통해 매일같이 우리 눈앞에 펼쳐진다. 광고마다 옳은 선택은 행복으로 이어지고 그릇된 선택은 파멸로 이어진다고 말한다. 무관심의 시대에서 집착의 시대로 넘어왔다.

문득 예전에 즐겨 읽던 《당신 자신의 모험을 선택하라》(Choose Your Own Adventure)라는 시리즈가 생각난다. 정말 좋아하면서도 싫어하는 책이었다. 내가 책을 읽으면서 주인공이 무엇을 할지 선택하기 때문에 이야기는 내 손에 달려 있었다. 하지만 이 책은 결코 쉽지 않았다. 동굴 밖에서 마녀를 만나면 줄행랑이 옳은 선택이라고 생각하기 쉽다. "마녀에게서 도망치려면 47쪽으로 가시오." 하지만 47쪽을 펴면 도망치다가 발을 헛디뎌서 분화구 속으로 떨어진다(꿀팁: 결국 나는 마지막 쪽에서 "옳은 엔딩"을 찾은 다음 거기서부터 거꾸로 읽었다. 분명, 나만 그런 것은 아닐 터이다).

안타깝게도 현실의 삶은 이런 식으로 이루어지지 않는

다. 지난 밤 베어 그릴스(Bear Grylls)가 출연하는 예능 프로그램 〈당신과 자연의 대결〉(You vs. Wild)을 보았다. 그릴스가 야생에서 살아남기 위해 어떻게 할지를 시청자가 선택하는 쌍방향 텔레비전 프로그램이다. 그런데 내 선택의 결과는 심각한 부상을 당한 그릴스가 헬기로 응급 이송되는 것이었다. 덕분에 나 자신을 인도하는 것에 관한 자신감이 확 떨어졌다.

나아가, 크리스천이 되면 이 긴장이 완화되기는커녕 더 심해지는 것처럼 보인다. 선택이 너무도 중요하게 느껴지기 때문이다. 하나님의 뜻을 알아내어 그것을 선택하면 비극을 피하고 꿈을 이루고 최상의 삶을 살 수 있을 것만 같다. 하나님의 뜻을 놓치면 47쪽으로 넘어가서 분화구 속에 **빠지는** 편이 나을 것만 같다.

성경은 성령이 하나님의 자녀를 인도해 주신다고 분명히 말한다(이에 관한 성경의 사례들은 잠시 뒤에 살펴보자). 하지만 그분이 도대체 우리를 '어떻게' 인도하시는가?

기도하다가 '기회의 문'에 관한 강렬한 느낌이 찾아오기를 기다리고 있는가? 하나님의 신호일 수밖에 없는 신기한 일을 기다리고 있는가? 목사의 아들로 태어난 내 친구는 자신의 아버지가 일생일대의 선택의 기로의 섰던 시기에 관해 이야기를 해 준 적이 있다. 이 부자는 집으로 차를 몰고 오면서 그 선택에 관해 이야기를 나누고 있었다. 그런데 친구의 아버지가 주차장에 차를 대며 한 가지 선택사항의 장점에 관해 말하고 있는데 갑자기 한 무리의 새들이 집 마당에서 세차게 날아올랐다. 그 모습을 본 아버지가 말했다. "아들아, 이건 하나님의 신호야. 봐, 일곱 마리잖아. 비둘기는 예수님이 좋아하는 동물이야. 그리고 7은 완전한 숫자야. 이제 하나님이 무엇을 원하시는지 알겠다."

내 친구는 아버지의 말씀에 토를 달지는 않았지만 그냥 비둘기들이 놀라서 날아오른 것일 뿐이라고 확신했다.

우리는 이런 이야기에 피식 웃고 말 것이다. 하지만 필시 당신도 이와 비슷한 행동을 최소한 한두 번은 해 봤을 것이다. 우연한 일들이 기묘하게 겹치면 우리는 하나님이 뭔가 말씀하시는 것은 아닌가 하는 생각을 하게 된다. 비둘기, 젖은 양털(삿 6:36-40), 뭔가 따스하고 아련한 느낌, 예배 중 느껴지는 강한 감정 등 이럴 때 우리는 하나님의 음성이 아닐까 하는 생각을 한다.

내가 사랑하고 또한 큰 도움을 받았던 시편을 살피면서

이 문제에 관해 이야기 해 볼까 한다. 이 시편은 인도하심에 관한 약속과 인도하심이 어떻게 이루어지는가에 관한 단서를 포함하고 있다.

약속은 이것이다. "그가 택할 길을 그에게 가르치시리로다"(시 25:12). 이 시편의 나머지 부분에서 다윗 왕은 관계, 소명, 건강, 자녀 양육에 관한 결정을 다루고 이 모든 결정과 관련해서 하나님의 약속에 대한 믿음을 표현한다. 이 모든 결정에 대해서 다윗은 하나님께 묻는다. "주의 길을 내게 가르치소서"(시 25:4).

팀 켈러에 따르면, 우리가 던지는 질문과 달리 시편 25편의 중심 질문은 하나님이 어떻게 인도하시느냐가 아니라 하나님이 누구를 인도하시느냐이다. 다윗은 "하나님, 어느 길로 가야 할지 보여 주십시오"라고 기도하기 전에 자신을 돌아보며 "과연 내가 어느 길로 가야 할지에 대해서 하나님의 인도하심을 받을 만한 사람인가?"라고 물어야 한다고 말한다. 그리고 나서 그는 하나님의 인도하심을 받는 사람의 주요한 네 가지 특징을 제시한다.

하나님의 길을 알고 싶다면

하나님의 인도하심을 받는 사람은 하나님의 도로 훈련을 받은 사람이다. "주의 도를 내게 보이시고"(시 25:4), "주의 진리로 나를 지도하시고 교훈하소서"(시 25:5). 여기서 다윗은 하나님의 도에 완벽히 익숙해진 결과 하나님이 기뻐하시는 것들을 본능적으로 원하는 상태를 이야기하고 있다.

운동선수의 훈련과 비슷하게 생각하면 된다. 선수가 경기 중의 모든 상황에 대해 어떻게 반응할지 훈련할 수는 없다. 하지만 눈앞의 상황을 올바로 분석하여 적절히 반응하도록 본능적 감각을 예리하게 다듬을 수는 있다.

역사상 가장 위대한 농구 선수인 마이클 조던(Michael Jordan)이 어느 경기 후 했던 인터뷰가 지금도 기억이 난다. 조던이 환상적인 곡예 덩크슛을 성공시킨 경기 후 기자가 물었다. "조던 선수, 그런 덩크슛을 사전에 계획합니까?" 조던의 대답은 "전혀요. 주로 점프한 뒤에 공중에서 결정합니다"였다.

조던은 본능적인 감각을 이야기한 것이다. 그는 고개를 돌려 코트 밖 감독의 지시를 확인하지 않았다. 그냥 본능적으로 반응했고, 그 반응이 적중했다.

물론 누구나 그렇게 할 수 있다는 뜻은 아니다. 나도 "점프한 뒤에 공중에서 결정"하려고 몇 번이나 시도해 봤지만 결과는 매번 엉망이었다. 대개는 실수를 범하고 때로는 병원 신세를 져야 했다. 조던은 하늘을 나는 새처럼 보였지만 나는 공중에서 볼썽사납게 허우적거리다가 우스꽝스러운 모습으로 땅에 떨어지는 다친 오리처럼 보인다. 그런데 조던의 곡예는 즉흥적인 것처럼 보이지만 실상은 오랜 연습을 통해 본능적 감각을 갈고닦은 결과이다.

여기서 다윗은 바로 이와 비슷한 것을 이야기하고 있다. 바로, 하나님이 원하시는 것을 곧바로 분간해 낼 수 있는 영적 본능이다. 히브리서 기자는 "단단한 음식은 장성한 자의 것이니 그들은 지각을 사용함으로 연단을 받아 선악을 분별하는 자들"에 관해서 말한다(히 5:14).

히브리서 기자에 따르면 이 신자들은 아기들이 먹는 영적 "젖"을 뗴었다. 즉 이들은 각 상황에서 정확히 무엇을 해야 하는지 일일이 알려 줄 필요가 없다. 아기들은 포크를 콘센트에 찔러 넣지 않도록 분명한 지시와 끊임없는 감시를 필요로 한다. 히브리서 기자는 성숙한 신자들을 상상한다. 하나님의 도를 잘 알아 그것이 아예 몸에 밴 신자들을 떠올린다. 성경이 "이것은 악한 길이니 이 길로 가지 말라" 혹은 "이것은 선한 길이니 이 길로 가라" 혹은 "47쪽이 아니라 68쪽으로 넘기라"라고 명확하게 말해 주지 않는 상황에서도 하나님이 원하시는 것을 분별할 수 있는 신자들을 말한다.

따라서 하나님의 인도하심을 원한다면 그분의 길을 분별하는 것이 본능처럼 몸에 밸 만큼 성경을 깊이 공부해야 한다. 또 다른 시편 기자의 말처럼 하나님의 말씀을 아는 만큼만 하나님의 뜻대로 살 수 있다(시 119:9 참조).

성경을 잘 알면 계속해서 하나님께 "어느 길로 가야 할까요?"라고 물을 필요가 없다. 묻지 않아도 이미 알기 때문이다. 사실, 성경을 배우기 위해 노력하지 않고 그저 하나님께 길을 보여 달라고만 요청하는 것은 그분을 무시하는 행동이다. 그것은 하나님이 그분의 뜻을 분별하기 위해 주신 주된 도구를 내팽개치는 것이나 다름없다.

인도하심을 위한 순종

하나님이 인도해 주시는 사람은 그분께 순종하는 사람이다. 이것은 너무도 당연한 이야기처럼 들리지만 우리는 순서를 뒤집을 때가 너무도 많다. 다윗은 이렇게 약속한다. "온유한 자를 정의로 지도하심이여 온유한 자에게 그의 도를 가르치시리로다 여호와의 모든 길은 그의 언약과 증거를 지키는 자에게 인자와 진리로다"(시 25:9-10).

겸손은 하나님의 길이 우리가 원하는 길이 아니라 해도 최선의 길이라는 사실을 알고 인정하는 것이다. 그래서 겸손하게 사는 사람은 삶의 모든 측면에서 하나님께 순종한다.

다음 행동에 대한 인도하심을 받기 위한 전제 조건은 현재 행동에서의 순종이다. 성경에서 직접적으로 다루지 않은 영역에서의 인도하심에 관한 하나님 약속은 성경에서 분명히 다루는 영역에서 순종하는 사람들에게 주어진다. 어떻게 해야 할지 분명하지 않은 영역에서의 결정에 관해 하나님의 지혜와 인도하심을 구하면서 다른 영역에서 하나님의 분명한 명령을 거역하며 살고 있다면 그 결정에 관한 기도를 일단 멈추고 자신의 불순종부터 다루어야 한다. 그런 경우에 하나님이 뭐라고 말씀하고 계실지 상상이 간다. "내가 성경을 통해 분명히 말한 것에 순종하지 않는다면 성경에서 다루지 않은 것에 관해서 말해 주지 않겠다."

결혼하지 않은 사람과 한 집에 살면서 특정한 집을 살지에 관한 기도를 하고 있는가? 그런 기도는 당장 멈추라. 현재의 지위와 연봉에서 후히 베푸는 사람이 되라는 하나님의 명령에 순종하지 않고 있다면 승진이나 연봉 인상에 관한 기도를 멈추라. 어떤 영역에서 하나님께 고의적으로 불순종하고 있다면 그것은 하나님이 삶을 인도해 주실 줄 믿지 않는다는 뜻이다. 야고보는 이런 자세로 사는 사람은 하나님께 그 어떤 인도하심도 받을 수 없다고 딱 잘라 말한다(약 1:7).

하나님의 인도하심을 원하는가? 그렇다면 하나님이 밝혀 주신 것들에 순종하라. 하나님의 명령에 겸손히 순종하려고 노력하라. 하나님께 순종하면 예기치도 원치도 않았던 상황에 처할 수 있다. 하지만 그 상황 속에서 하나님이 우리를 보호하고 지탱해 주시리라 확신할 수 있다. 심지어 하나님이 우리를 사망의 음침한 골짜기로 이끄실지라도 끝까지 우리와 함께해 주실 것이다. 그분의 막대기가 우리를 보호하고 그분의 지팡이가 우리를 인도할 것이다(시 23:4).

하나님의 약속을 믿는다

하나님의 인도하심을 받는 사람은 하나님의 약속을 믿는 사람이다. "주를 바라는 자들은 수치를 당하지 아니하려니와"(시 25:3). 여기서 "바라는"은 하나님의 약속이 아직 이루어지지 않아서 기다리는 상황을 말한다. 심지어 약속이 어떻게 이루어질지 알 수 없어 답답한 상황을 말한다.

믿음의 필요성은 기도 응답과 관련해서 계속해서 나타나는 주제이다. 인도하심을 받는 사람은 하나님이 약속하신 대로 인도해 주실 줄 믿는 사람이다.

솔직히 나는 기다림이라면 질색을 한다. 기다림은 체질상 맞지 않는다. 나는 빨리 행동하고 나서 당장 결과를 확인하기를 좋아한다. 하지만 확신 속에서의 기다림이야말로 믿음의 핵심이다. 인도하심을 받는 사람은 하나님이 약속하신 대로 인도해 주실 줄 확신하는 사람이다. "기다리는 자들에게나 구하는 영혼들에게 여호와는 선하시도다"(애 3:25).

다윗은 이 시편을 통해 우리에게 이렇게 약속한다. "여호와의 친밀하심이 그를 경외하는 자들에게 있음이여." 여기서 친밀함은 은밀한 조언을 의미한다. 즉 하나님이 그분과 가까이 하려는 사람들에게만 알려 주시는 것들이 있다. 팀 켈러는 이 구절에 관해서 이렇게 말한다. "이 구절은 하나님의 영이 때로 주시는 특별한 인도하심의 순간을 가리킨다."

그렇다면 '성령의 인도하심'은 어떤 느낌일까? 정말 복잡한 질문이다. 이 주제로 《지저스 컨티뉴드》(*Jesus Continued*)란 책을 썼지만 간단하게 답하면 다음과 같다.

때로 성령은 교회를 통해 말씀하신다. 예를 들어, 사도행전 13장 2절은 이렇게 말한다. "성령이 이르시되 내가 불러 시키는 일을 위하여 바나바와 사울을 따로 세우라 하시니."

보다시피 하나님은 바나바와 바울을 위해 어떤 일을 마련하셨지만 그들에게 직접 말씀하시는 대신 교회를 통해 말씀하셨다. 내 삶 속에서도 하나님이 믿음의 형제나 자매를 통해 내게 필요한 격려나 인도하심이나 경고의 메시지를 주신 적이 많다. 따라서 교회를 버리면 하나님의 인도하심에서 매우 중요한 요소 하나를 버리는 셈이다.

때로 하나님은 내적 촉구하심이나 초자연적인 계시나 은사나 떨쳐 낼 수 없는 부담감 등을 통해 인도해 주신다. 느헤미야는 하나님이 예루살렘으로 가서 성전을 재건하길 원하신다는 사실을 알았다. 하지만 성경 어디에도 하나님이 이러한 뜻을 귀에 들리는 음성으로 주셨다는 기록을 찾아볼 수 없다. 단지 이런 기록만 있을 뿐이다.

> "내 하나님께서 예루살렘을 위해 무엇을 할 것인지 내 마음에 주신 것"(느 2:12).

성령은 느헤미야에게 부담감 혹은 열정을 주시며 그것이 그분에게서 온 것임을 알게 하셨다. 특정한 사역에 삶을 쏟거나 특정한 곳에서 예수님을 전하려는 열정을 느끼고서 기도하던 중에 그것이 성령의 촉구하심이라는 사실을 깨닫게 될 수 있다. 하지만 이렇게 되기까지 지름길은 없다. 은밀한 조언은 여호와를 경외하는 사람, 그분의 도로 훈련을 받고 그분께 순종하기로 결단한 사람에게만 찾아온다.

성령은 상황의 주권적인 조율을 통해 우리를 인도하실 때도 있다. 고린도전서 16장 3-9절에서 바울은 고린도교회를 위한 계획을 다음과 같이 브리핑한다. "고린도에 가면 내가 예루살렘에 가는 것에 관해서 다들 어떻게 생각하는지 알게 될 것이다. 아볼로로 하여금 너희를 방문하게 하려고 했지만 그는 당장 그렇게 하는 것이 좋지 않다고 생각했다. 지금 나의 계획은 마게도니아를 지난 뒤에 너희를 찾아가는 것이다. 그곳에서 잠시 머물까 한다. 어쩌면 그곳에서 겨울을 날지도 모르겠다. 주님이 허락하시면 내 시간을 가지고 싶다. 에베소에서도 좀 시간을 보낼 예정이다. 그곳에서 하나님이 놀라운 역사를 행하시는 것으로 보이기 때문이다."

케빈 드영(Kevin DeYoung)은 《왜 우리는 하나님의 인도를 바르게 받아야 하는가》(*Just Do Something*)라는 짧지만 탁월한 책에서 다음과 같이 말한다.

> "바울이 수시로 천사의 방문을 받고 꿈속에서 할 일에 관한 지시가 떨어지기를 기다렸던 것으로 보이지는 않는

다."[12]

사도행전 16:6-7절에서 우리는 성령이 상황과 초자연적인 촉구하심을 함께 사용하여 바울을 인도하시는 것을 볼 수 있다. 바울과 그의 사역 팀은 아시아에서 복음을 전하려고 했지만 성령님은 이를 허락하시지 않았다. 그래서 비두니아로 향했더니 이번에도 성령님이 문을 닫으셨다. 원인 중 일부는 상황적이었다. 즉 바울은 물리적인 이유로 그곳에 갈 수 없었다. 아울러 9절에서 바울은 자신을 마게도니아로 부르는 사람에 관한 꿈을 꾸었다. 그리하여 그의 팀은 마게도니아로 갔고 빌립보, 데살로니가, 베뢰아, 아덴, 고린도교회가 세워졌다. 매우 분명한 내적 촉구하심 뒤에 상황적으로 문들이 닫히는 매우 혼란한 시기가 찾아왔다.

그렇다면 이것이 중차대한 결정을 내려야 하는 순간에서 우리에게 무엇을 의미할까? 중요한 결정을 내려야 할 때 하나님이 우리에게 주신 모든 인도하심의 수단을 이용해야 한다는 뜻이다. 성경을 자세히 살피라. 모든 지혜를 끌어 모으라. 교인들의 조언을 구하라(의사 결정에 실제로 그들의 의견을 반영하라는 뜻이다). 기도하라. 각 결정의 장점과

단점을 충분히 고려하라. 자신의 은사를 평가하라. 상황을 고려하라.

그런 다음, 하나님이 옳은 결정을 위해 필요한 모든 것을 공급해 주셨고 혹시 우리가 뭔가 빼먹은 것이 있다면 그분이 선한 목자처럼 자상하게 바로잡아 주실 줄 믿고서 과감하게 결정을 내리라.

어떤가? 쉽지 않은가? 좀 더 어려워야 한다고 생각하는가? 적어도 좀 더 신비로워야 한다고 생각하는가? 사실 우리는 인도하심을 필요 이상으로 복잡하게 생각할 때가 많다. 오해하지는 말라. 의사 결정은 결코 쉬운 일이 아니다. 그리고 나쁜 결정에는 결과가 따른다. 하지만 시편 25편을 따라서 하나님이 원하시는 사람이 되려고 노력하고 모든 면에서 그분께 순종하면 그분이 약속하신 대로 인도해 주실 줄 믿고 결정을 내릴 수 있다. 물론 그분의 인도하심은 하늘의 빛이나 주차장의 비둘기 떼를 통해 찾아오지 않을 가능성이 높다. 나는 동전을 넣고 뽑는 운수풀이에 따라 결정을 내릴 생각이 추호도 없다. 하지만 기도하는 마음으로 성경을 읽고 그분의 명령에 순종하며 그분의 교회에 조언을 구하고 성령의 촉구하심에 귀를 기울이면 선한 목자께서 원하시는 길로 인도해 주실 줄 믿어도 좋다.

바로 이것이 우리가 기도로 주장할 수 있는 약속이다.

지난 몇 년간 나는 중차대한 결정 때마다 '양의 기도'를 드리면서 위로를 얻었다. 이 기도에는 좋은 소식과 나쁜 소식이 함께 딸려 있다.

나쁜 소식부터 전한다. 하나님은 성경에서 그분의 백성을 지칭할 동물로 양을 선택하셨다. 강한 사자도 지혜로운 올빼미도 부지런한 개미도 아니다. 심지어 그분이 하필 가장 좋아하는 동물인 비둘기도 아니다. 그분은 양을 고르셨다. 양은 멍청하다. 빨리 달릴 수도 없고 시력도 형편없다. 자신을 방어할 능력이 전혀 없다. 강물 속으로 몸을 던져 익사하는가 하면 벼랑으로 곧장 걸어간다. 넘어져서 배가 위로 올라오기라도 하면 거북이처럼 몸을 뒤집어 일어서지 못한다. 그런데 하나님은 우리를 이런 양으로 부르신다. 자, 나쁜 소식이다. 세상에서 가장 지혜롭고 뛰어나고 통찰력이 깊은 사람도 기껏해야 양에 불과하다. 이는 우리가 곤경에 빠져 있다는 뜻이다. 하지만 좋은 소식이 우리를 기다리고 있다.

이제 좋은 소식이다. 우리에게는 믿고 의지하기만 하면

보호하고 강하게 해 주고 바로잡아 주겠다고 약속하신 목자가 계신다. 양이 가야 할 길로 가는 것은 양의 능력 때문이 아니다. 그것은 목자의 인도하는 능력 덕분이다. 우리에게는 전능하신 목자가 계신다.

우리에게는 목자가 필요하다. 우리의 의사 결정 능력이 얼마나 형편없는지는 이미 그 옛날 에덴동산에서 확실히 증명되었다. 창세기 3장에서부터 하나님의 백성들이 망하지 않고 살아올 수 있었던 것은 우리의 탁월한 의사 결정 능력이나 뛰어난 감각 덕분이 아니라 철저히 하나님의 인도하심 덕분이었다.

잠언 3장 5-6절은 이렇게 말한다.

"너는 마음을 다하여 여호와를 신뢰하고 네 명철을 의지하지 말라. 너는 범사에 그를 인정하라. 그리하면 네 길을 지도하시리라."

이 구절은 두 부분으로 나뉜다. 우리의 역할과 하나님의 역할로 나뉜다. 우리의 역할은 무엇인가? "너는 마음을 다하여 여호와를 신뢰하고 … 범사에 그를 인정하라." 즉 하나님이 하라고 하신 모든 일을 순종으로 행하라.

그렇다면 하나님의 역할은 무엇인가? "네 길을 지도하시리라." 이 구절을 일종의 계약처럼 볼 수 있다. 우리가 우리의 역할을 하면 하나님이 그분의 역할을 해 주실 것이다.

내가 어릴 적에 다니던 교회의 목사는 두 조항 사이에 작은 담을 그리게 했다. 그리고 나서 무엇이 내 책임이고 무엇이 하나님의 책임인지를 설명해 주었다. 내가 "범사에 그를 인정하라"라는 영역에 산다. 하나님은 "네 길을 지도하시리라"라는 영역에 사신다.

스트레스의 대부분은 벽 너머 하나님의 영역에 무엇이 있는지 고민하는 데서 비롯한다. "내가 그릇된 결정을 내리면 어떻게 하는가?" "이렇게 했다가 그릇된 길로 가게 되면 어떻게 하는가?" 그러면 하나님은 "벽을 넘어 네 영역으로 돌아가라"라고 말씀하신다.

하지만 최대한 범사에 하나님을 인정했지만 나도 모르게 빠뜨린 부분이 있다면 어떻게 해야 하는가? 하나님을 믿고서 47쪽을 폈는데 결국 화산 분화구에 빠지게 되면 어떻게 하는가?

이것은 담 너머 하나님의 영역에 속한 문제이다. 바로

이 부분에서 하나님에 대한 믿음이 필요하다. 심지어 하나님은 우리의 명철을 의지하지 말라고 말씀하신다. 다시 말해, 하나님의 뜻을 분별하는 당신의 능력을 의지하지 말라. 인도해 주신다는 하나님의 약속을 의지하라. 나쁜 소식이 있다. 우리의 유한한 명철은 결코 충분할 수 없다. 좋은 소식이 있다. 우리의 전능하신 목자의 무한한 명철은 언제나 충분하다. 그분은 47쪽과 847쪽에 무엇이 있는지 아신다. 그분은 책 전체의 모든 곳을 자세히 아신다(시 139:16). 그래서 신뢰할 수 있다. 그리하여 내 입에서 다음과 같은 '양의 기도'가 흘러나온다.

"주님, 이런 결정을 내리려고 합니다. 최대한 당신의 말씀에 귀를 기울이고 가능한 모든 방법으로 당신의 뜻을 분별하려고 노력했습니다. 훌륭한 신앙인들의 조언도 구했고 이 문제를 놓고 개인적으로도 수많은 밤을 기도했습니다. 그래서 하나님 이제 이렇게 하려고 합니다. 하지만 저는 양이고 양은 멍청하다는 사실을 잘 알고 있습니다. 이 결정에서 제 판단 능력을 의지하지 않습니다. 오직 저를 인도해 주시는 선한 목자이신 하나님 아버지의 능력과 연민만을 의지합니다. 혹시 이것이 옳은 결정이 아니라면 당신의 막대기와 지팡이로 저의 앞길을 가로막고 가야 할 곳으로 다시 이끌어 주십시오."

이 기도를 드리려면 한없이 낮아져야 하지만 이렇게 기도하며 나아가는 삶이야말로 능력의 삶이다. 자신의 명철을 의지하여 길을 스스로 찾은 다음 그 길이 그릇된 길일지 모른다고 걱정하며 평생을 살 필요가 없다. 하나님이 우리를 옳은 길로 인도하실 줄 믿고서 그분만 의지하고 따르며 살아야 한다. 심지어 우리의 실수와 사람들의 가해도 하나님이 우리를 의의 길로 인도하시는 것을 막을 수 없다(시 23:3).

하나님께 자신을 맡기면 우리의 인생을 스스로도 망칠 수 없고 타인이 망치지 못한다. 누구도 선한 목자의 양을 망하게 할 수 없다! 그분은 우리를 위해 생명을 내어놓으셨다. 그런 의미에서 그분은 우리보다도 우리의 삶에 더 많은 투자를 하셨다. 우리를 구하기 위해 자신의 피를 다 쏟아냈으니 말이다. 그분이 그렇게 아끼는 보물을 누구라도 망가뜨리게 놔 두실 리가 없다(사 43:4).

자, 이제 시편 25편에 나타난 다윗의 마지막 권고로 넘어가자.

하나님의 은혜를 의지하는 사람

하나님이 인도하시는 사람은 그분의 은혜를 의지한다. 하나님을 의지하는 것이 항상 쉽지는 않다. 하지만 그것이 항상 옳다. 하나님은 그분을 신뢰하는 자들에게 한계를 모르는 은혜를 약속해 주시기 때문이다.

시편 25편 내내 다윗은 하나님의 구원에 관해서 이야기하는데, 이 구원의 정점은 이 시편의 중심 구절에 표현되어 있다. "여호와의 모든 길은 그의 언약과 증거를 지키는 자에게 인자와 진리로다"(시 25:10).

여기서 "인자"로 번역된 단어는 하나님의 무조건적이고도 열정적인 언약의 사랑을 의미하는 '헤세드'(hesed)이다. 당신이 그리스도를 믿는 사람이라면 하나님이 당신의 삶 속에서 행하시는 모든 일은 무조건적인 사랑에서 우러나온 것이다. 하나님은 과거의 죄, 심지어 가장 극심한 죄에 대해서도 당신에게 일말의 악의도 품지 않으신다. 현재의 죄와 고질적인 죄에 대해서도 당신에게 실망하지 않으신다. 누군가가 당신에게 가한 죄로 인해 하나님이 당신을 창피하게 여기시는 일은 결코 없다.

하나님이 단순히 당신을 참아 주신다고 생각하는가? 솔직히 하나님이 당신을 조금이라도 불쾌하게 여기신다고 생각하는가? 그런 사람은 하나님이 자신에게 복을 주기 원하신다는 사실을 좀처럼 믿지 못한다. 하나님의 풍성한 복을 경험하고도 곧 받을 벌을 예상하며 마음을 졸인다. '네가 이렇게 좋은 것을 누릴 자격이 있다고 생각하느냐? 내가 곧 너에게 나쁜 일이 닥치게 할 것이다. 그래야 공평하지 않느냐?'

하나님이 이렇게 생각하며 나쁜 일을 꾸미고 계실까 봐 전전긍긍한다. 복을 받을 때마다 좋으면서도 한편으로는 두려움에 떤다. 공평하신 하나님이 자신에게 이런 과분한 행복을 오랫동안 허락하지 않는다고 생각하기 때문이다.

하지만 이것은 복음의 가르침과 정반대이다. 복음은 하나님이 우리에게 무엇을 주시고 우리를 어디로 인도하실지가 우리의 가치나 성과에 따라 결정되지 않는다고 말한다. 그것은 하나님이 예수님을 통해 우리에게 주신 것에 따라 결정된다. 이 얼마나 감사한가! 그리스도의 완성된 사역으로 인해 하나님은 이제 우리를 너무도 사랑스럽고 순진무구한 자녀로 보신다(습 3:17).

다시 말해, 우리가 당해 마땅한 벌은 이미 예수님이 받으셨다. "그러므로 이제 그리스도 예수 안에 있는 자에게는 결코 정죄함이 없나니"(롬 8:1). 이제 우리를 위해 남은 것은 기쁨과 행복뿐이다. "여호와께서 주시는 복은 사람을 부하게 하고 근심을 겸하여 주지 아니하시느니라"(잠 10:22).

하나님의 은혜를 의지하면 그분이 오직 복의 길로만 인도해 주실 줄 알고서 평안을 누릴 수 있다. 영원토록 매일, 매순간, 하나님의 선하심과 자비가 정녕 우리를 따를 것이다. 우리는 사랑받는 자녀로서 그분의 집에 영원토록 거할 것이다. 우리는 그분의 초장에서 행복한 양떼로 지낼 것이다. 예수 그리스도 안에서는 하나님의 모든 약속이 예가 된다!

따라서 기도하기 전에…

이 마지막 장은 인도하심을 구하는 기도에 관한 논의라기보다는 하나님이 인도하시는 사람이 되는 것에 관한 논의가 되었다. 사실, 이는 내가 처음부터 의도한 바이다.

기도해야 한다. 하나님께 우리를 도와주고 변화시키고 이끌어 달라고 기도해야 한다. 하지만 우리가 하나님을 어떤 식으로 보고 있는지 돌아보고 하나님이 그리스도 안에서 우리를 어떻게 보시는지를 이해하는 것도 그에 못지않게 중요하다.

능력 있는 기도는 하나님이 그리스도 안에서 우리에게 주신 특권과 지위에서 비롯된다. 하늘을 움직이는 기도는 예수님을 믿는 마음에서 나온다. 모든 지각에 뛰어난 평안을 가져오는 기도는 하나님이 모든 상황 속에서 우리를 큰 형(big Brother)인 예수의 형상으로 빚어가고 계신다는 확신에서 비롯한다. 그런 기도는 어떤 경우에도 그분의 목적이 무산되지 않는다는 확신에서 비롯한다.

따라서 인도하심을 구하는 기도를 드리기 전에 먼저 스스로에게 이렇게 물으라. "나는 하나님을 어떻게 보고 있는가?" "하나님이 나를 어떻게 보신다고 생각하는가?" 자, 당신은 하나님께 사랑받는 자녀라는 지위를 받아들였는가? 선한 목자의 양이 되었는가? 용서와 영생의 약속을 받아들였는가? 그렇지 않다면 지금이라도 그렇게 할 수 있다. 그런 다음에는 당신이 하나님의 뜻을 알고 그분의 명령에 순종하며 그분의 약속을 믿고 그분의 은혜를 의지하는 사람인지 스스로에게 물으라. 이 물음에 "예"라고 답한 뒤에는 확신을 가지고 그분께 기도할 수 있다. "우리 아버지…"라고.

에필로그

당신을 기다리시는
아버지께 구하라!

    매일 기도 해 본 적이 없거나 기도 생활이 게을러져서 다시 활력을 찾고 싶은 사람들을 위해서 몇 가지 실천적인 제안을 하면서 이 책을 마무리하고 싶다. 좋은 의도와 실질적인 변화 사이에는 행동 계획만큼의 거리가 있다. 기도에 관한 책을 읽고서 실제로 기도하지 않는다면 아무런 의미가 없다.

그래서 열 가지 제안을 하고자 한다. 그렇다. 열 가지다. 하지만 부담스러워할 필요는 없다. 일종의 추천 사항들이라고 생각하면 된다. 무조건 다 할 필요는 없다. 뭐든 도움이 되는 것들을 사용하라.

첫째, 주님의 기도 모델(주기도문)을 멜로디 라인으로 삼아 기도를 연주하라. 물론 나는 음악가가 아니다. 하지만 '기도의 모델'을 사용하는 많은 방법 중에서 내게는 이 방법이 가장 적합했다. 주기도문의 각 구절을 멜로디 라인으로 삼아 기도를 연주하라. 성령님의 도우심과 인도하심을 구하면서 기도하라. 지난 몇 년 동안 나는 최소한 5분씩 이렇게 하면서 그날의 기도의 포문을 열었다. 내게는 이 방법이 큰 도움이 되었다.

둘째, 두문자어 ACTS를 사용하여 기도하라. 이 틀은 예수님이 가르쳐 주신 기도와 매우 비슷하지만 약간 다르다.

Adoration(예배)은 하나님의 성품에 관해 생각하는 시간을 가지는 것이다. 그분이 어떤 분이신지 생각하며 찬양하라(이는 감사와는 다르다. 감사는 하나님이 어떤 일을 행하셨는지에 대한 것이고 예배는 하나님이 어떤 분이신지에 대한 것이다)는 것이다.

Confession(고백)은 지은 죄를 구체적으로 고백하는 시간을 가지는 것이다. 잘 알려진 고백서들을 사용해서 고백의 시동을 걸면 도움이 될 수 있다.

Thanksgiving(감사)은 당신이 용서를 받을 수 있도록 당신이 방금 고백한 모든 죄를 십자가에 못 박으신 하나님께 감사하라는 것이다. 그런 다음, 매일 주시는 복에 대해서도 감사하라. 구체적으로 감사하라. 큰 것들만이 아니라 작은 것들에 대해서도 감사하라.

Supplication(탄원)은 '요청'을 좀 더 멋진 말로 바꾼 것일 뿐이다. ACTA라고 할 수는 없으니까 '요청하다'(Ask)를 사용하지 않을 것으로 보인다.

셋째, 기도 안내서들을 사용하라. 나는 청교도 기도 모음집인 《기도의 골짜기》(*The Valley of Vision*), 팀과 캐시 켈러의 《묵상》(*The Songs of Jesus*), 한 성경 구절에서 다섯 가지 기도할 영역을 제시하는 '다섯 가지 기도할 거리'(Five Things to Pray) 시리즈를 즐겨 사용한다. 나는 이 자료들로 기도의 시동을 걸곤 한다.

넷째, 한 번에 길게 하지 말고 하루에 2-3번의 짧은 기도 시간을 떼어 두라. 기도에 관한 책을 읽고 나면 으레 우리는 "좋아! 더 이상 게으름을 피우지 않겠어. 매일 아침 일찍 일어나서 2시간씩 기도하겠어. 반드시 그렇게 하겠어!"라고 말한다. 하지만 1-2주가 지나면 다시 결심이 약해진다. 심지어 첫날 아침부터 무너져 내린다.

차라리 아침에 눈을 떠서 5분, 점심식사 직후 5분, 잠자리에 들기 직전 5분, 이렇게 짧게 세 번 기도하는 것을 목표로 삼으면 어떨까? 혹은 자신에게 맞는 시간을 따로 정해도 좋다. 이렇게 작게 시작해서 하늘 아버지와 보내는 시간을 즐기게 되면 나중에는 더 오래 기도할 수 있게 될 것이다.

다섯째, 아침 산책을 하면서 소리 내어 기도하라. 농담이 아니다. 창피하게 생각하지 말라. 예수님도 소리 내어 기도하셨다. 초대 교인들도 소리 내어 기도했다. 소리 내어 기도하면 자신의 말에 집중하는 데 도움이 된다(속으로 기도하다가 몇 분 뒤에 오전 미팅이나 오늘의 할 일, 현재 보고 있는 드라마의 다음 내용에 관한 생각으로 흐른 적이 한 번도 없다면 당신은 정말 보기 드물게 특별한 집중력을 지닌 크리스천이다).

또한 소리 내어 기도하면 사람들과 함께 기도하며 서로를 격려해 줄 수 있다. 다른 사람이 기도하는 것을 듣는 것보다 더 믿음을 키워 주는 일도 없다. 집에서 소리 내어 기도할 때 남들이 엿듣는 것이 싫다면 산책을 하면서 기도하

라. 하늘 아버지께 소리 내어 기도하라.

여섯째, 달력에 기도 제목과 기도 시간을 적어 놓으라. 누군가 혹은 어떤 상황을 위해 기도할 시간을 알람 시계에 맞춰놓으라. 'EchoPrayer'나 'PrayerMate' 같은 기도 앱들은 기도할 거리들을 정리하고 관리하는 데 도움이 된다. 나는 이런 앱과 함께 여러 사람들과 상황들에 관한 기도 제목 '카드'를 사용한다. 카드에는 사람이나 상황에 관한 구체적인 기도 제목과 함께 관련된 성경 구절을 적는다.

일곱째, 사람들과 함께 그 즉시 기도하라. 다른 신자가 걱정거리나 문제를 나누면 단순히 기도해 주겠다고 약속하지만 말고(그것도 좋지만) 그 자리에서 바로 기도하라. 이런 멘트를 참조하라. "말씀해 주셔서 정말 감사합니다. 혹시 지금 함께 기도를 해도 괜찮을까요?"

여덟째, 동네나 사무실, 학교에서 기도하며 걸으라. 너무 티가 나게 하지는 말라. 두 손을 높이 들고 사무실 안을 걸으며 칸막이마다 기름 붓는 시늉을 하거나 이웃집에 불이 내리게 해 달라고 간청하는 것처럼 보이게 하지 말라.

자연스럽게 걸으면서 사람이나 장소, 뭐든 성령이 관심을 가게 만드시는 것을 위해 기도하라. 사람들을 직접 보며 그들의 필요를 생각하면 나의 중보기도 시간이 더 뜨거워진다.

아홉째, 자녀가 있다면 자녀에게 당신이 기도하는 소리를 들려주라(이것도 역시 소리 내어 기도하는 것이다). 당신의 현재 상황에 믿음을 적용하고 하나님의 약속을 되새기고 그분께 마음을 쏟아내는 소리를 생생하게 들려주라. 기도하는 소리를 들려주는 것보다 더 확실한 제자 훈련의 방법도 없다.

우리 아버지는 처음 섬겼던 목사의 수많은 설교를 거의 기억하지 못하신다. 하지만 그 목사가 아버지를 위해 기도해 주고 또 아버지와 함께 다른 사람들을 위해 기도해 준 것은 생생하게 기억하신다. 아이들도 기도하게 하라. 아동 버전의 ACTS이나 WITH를 사용해 보라. 와우(Wow). 죄송합니다(I'm sorry). 감사합니다(Thanks). 도와주세요(Help).

마지막으로, 하늘 아버지와 함께하는 시간을 즐기라. 우리 아버지에 관해서 해 주었던 이야기가 기억나는가? 하나님은 당신을 만나기를 기뻐하신다. '기도'는 의무적으로 수행해야 할 종교적 일이 아니라 예수님의 발치에 짐을 내려놓고 마음을 털어 놓으며 그분과 함께하라는 초대이다.

하나님과 함께하면 충만한 기쁨이 있고 그분의 오른쪽에는 영원한 즐거움이 있다(시 16:11). 이는 우리의 가장 큰 특권이다. "보라 아버지께서 어떠한 사랑을 우리에게 베푸사 하나님의 자녀라 일컬음을 받게 하셨는가"(요일 3:1).

"죄 짐 맡은 우리 구주,
어찌 좋은 친군지,
걱정 근심 무거운 짐,
우리 주께 맡기세!"

무엇보다도 일단 기도를 시작하라. 기도는 사용할수록 자라는 근육이다. 기도할수록 기도하는 법을 더 많이 알게 된다. 그리고 그럴수록 기도하려는 마음이 강해지고, 더 많은 기도의 응답을 보기 시작한다.

뭐든 21일 동안 하면 습관으로 굳어져서 잘 바뀌지 않는다는 글을 어디선가 읽은 적이 있다. 그래서 이 책을 마무리하는 동시에 21일 동안 하루에 세 번, 5분씩 기도할 것을 강권한다. 그러고 나서 성령이 어떤 놀라운 기도의 삶으로 당신을 이끄시는지 지켜보라.

규칙적이고 열정적이고 소망이 가득한 기도를 '해야 할 일'의 범주에서 '하고 싶은 일'의 범주로 옮기라. 일단 시작하라. 하늘 아버지가 기다리고 계신다. 그냥 구하라.

감사의 말

내가 쓴 모든 책은 무엇보다도 내가 20년간 목회해 온 노스캐롤라이나 주 롤리-더럼(Raleigh-Durham) 소재 서밋교회(Summit Church) 가족들을 염두에 두고 쓴 것이다. 그들을 깊이 사랑한다. 그들은 더없이 관대하고 순종적인 사람들이다. 지금 우리 교회에서 하나님이 촉구하고 계신 것이 하나 있다면 그것은 바로 기도하라는 것이다. 기도는 교회의 사역을 위한 준비 작업이 아니라 사역 자체이다.

우리 교회의 기도 및 예배 목사인 크리스 게이너(Chris Gaynor)에게 아무리 감사를 표현해도 부족하다. 우리 교회에서 가장 오랫동안 사역해 온 게이너는 우리 교회에 기도의 정신을 불어넣는 데 누구보다도 큰 기여를 했다. 하나님은 그의 기도를 통해 내게 말씀하신다. 그는 그런 놀라운 믿음의 은사를 지니고 있다. 하나님은 원하시는 일을 행하시기 전에 그를 통해 그 일에 대한 비전을 보이시며 그분을 믿으라고 말씀하신다. 지금까지 서밋교회가 그토록 많은 열매를 맺은 것은 무엇보다도 그의 기도 덕분이다. 그가 자주 인용하는 앤드류 머리(Andrew Murray)의 말을 빌리자면 "기도하는 일로 교회의 힘을 하나로 모으는 사람은 지상대명령에 누구보다도 큰 기여를 하는 것이다." 게이너에게 감사한다.

우리 아버지에게 진 빚도 이루 말할 수 없다. 이 책을 내 어머니에게 바치기는 했지만 우리 아버지는 이 책에 실린 대다수 사례의 주인공이시다. 어릴 적에 나는 매일 새벽 4시 30분과 5시 30분 사이에 아버지가 어디에 계신지 정확히 알았다. 아버지는 그 시간이면 늘 무릎을 꿇고 성경책을 편 채 하나님과 대화하셨다. 어릴 적 하나님이 아버지의 삶 속에서 역사하시는 모습을 늘 지켜보았기 때문에 나는 하나님의 존재를 의심해본 적이 없었다.

이 책을 쓰는 내내 칼 레이퍼튼(Carl Laferton)을 비롯한 굿북컴퍼니(The Good Book Company)의 가족들은 기도(그렇다,

기도했다!)의 응답이었다. 레이퍼튼은 늘 남다른 재치, 지혜, 겸손으로 편집을 한다. 당신이 지금 손에 들고 있는 최종 결과물을 얻기까지 그에게 큰 빚을 지었다(물론 그는 늘 공을 다른 사람들에게 돌린다). 하지만 방금 전의 말이 과연 그의 편집을 통과할지 모르겠다.

서밋교회의 편집자인 크리스 패퍼라도(Chris Pappalardo)는 이 개념들이 책으로 펼 만한 수준이 되기 훨씬 전부터 이 개념들로 씨름하는 나를 도와주었다. 늘 내 오른편에서 나의 잠재력을 끌어내 주는 그가 없이 설교 원고를 쓴다는 것은 상상도 할 수 없다. 내가 선포하는 메시지가 명료하고 설득력이 있다면 그것은 다 그의 뛰어난 기술과 변함없는 헌신 덕분이다.

대나 리치(Dana Leach)는 J. D. 그리어 미니스트리(Greear Ministries)를 운영하며 나로서는 도무지 감당할 수 없는 조직의 온갖 자질구레한 문제들을 완벽하게 처리해 준다. 남들이 포기해도 리치는 끝까지 최선을 다하고, 남들이 낙심해도 끝까지 믿음을 잃지 않는다. 리치가 없다면 이 책은 존재할 수 없을 것이다.

리치가 J. D. 그리어 미니스트리를 이끈다면 앨리 랜드

(Aly Rand)는 J. D. 그리어를 이끈다. 가끔 스스로에게 "누가 떠나는 것이 가장 두려운가?"라고 물어본다. 그때마다 가장 먼저 떠오르는 것은 랜드의 얼굴이다. 위의 문장을 쓰는 것만으로도 심장이 떨렸다. 감사의 글을 끝내자마자 하나님께 랜드를 영원히 내 곁에 붙들어 달라고 기도할 참이다. 아무리 생각을 해도 그녀가 하는 일을 대신할 수 있는 사람은 생각나지 않는다.

지난 2년간 다니엘 릭스(Daniel Riggs)는 내가 부탁한 까다로운 일을 처리해 주었다. 그는 언제나 겸손과 책임감으로 그 일을 감당해 주었다. 언젠가 그는 위대한 목사가 될 것이다. 아니, 이미 위대한 리더다. 좀 이기적인 마음이지만 조금만 그가 더 내 곁에 머물러 주었으면 좋겠다.

마지막으로, 아내 베로니카를 빼먹는 것은 있을 수 없는 일이다. 아내는 늘 받을 수 있는 가장 큰 선물을 내게 준다. 그 선물은 바로 실제 삶이 가장 중요하다는 일깨움이다. 다들 내가 목회를 하는 것은 당연하게 여기면서 내가 책을 쓴다는 사실에는 놀라워한다. 모두 아내의 기도 덕분이다. 아내는 기도의 힘을 믿는다. 이 글을 쓰는 과정에서 가장 큰 복은 매일 아내와 함께 하나님께 마음을 쏟아내는 법을 배워간 것이다. 자녀들, 곧 캐리스(Kharis), 엘리(Allie), 라이언(Ryan), 에이든(Adon)에게도 고맙다는 말을 하고 싶다. 아이들은 이 책의 개념들을 마음에 들어 하고 내가 책을 쓰는 내내 응원해 주었다. 지금 녀석들은 내가 가장 많이 기도하는 대상들이다. 녀석들이 곧 기도의 힘을 보여 주는 증거가 되리라 믿어 의심치 않는다. 사랑한다!

참고문헌

- Mark Batterson, *The Circle Maker* (Zondervan, 2011)
- Arthur Bennett, *The Valley of Vision* (Banner of Truth, 1975)
- Vance Christie, *Timeless Stories: God's Incredible Work in the Lives of Inspiring Christians* (Christian Focus, 2010)
- Kevin DeYoung, *Just Do Something* (Moody, 2009)
- Elyse Fitzpatrick and Jessica Thompson, *Give them Grace* (Crossway, 2011)
- J.D. Greear, *Jesus Continued…* (Zondervan, 2014)
- A.A. Hodge, *Evangelical Theology* (Banner of Truth, 1990)
- Timothy Keller, *Judges For You* (The Good BookCompany, 2013)
- Timothy Keller, *Prayer* (Viking, 2014)
- Timothy Keller, *The Songs of Jesus* (Viking, 2015: published in the UK by Hodder Faith as *My Rock My Refuge*)
- Carl Laferton, ed. *Five Things to Pray* series (The Good Book Company)
- C.S. Lewis, *A Grief Observed* (HarperCollins, 2001)
- Paul Miller, *A Praying Life* (NavPress, 2009)
- John Newton, *Select Letters of John Newton* (Banner of Truth, 2011)
- J.I. Packer, *Knowing God* (3rd edition: Hodder & Stoughton Religious/Hodder Faith, 2005)
- Eugene Peterson, *Answering God* (HarperOne, 1991)
- Milton Vincent, *A Gospel Primer for Christians* (Focus Publishing, 2008)

주

1. Paul Miller, *A Praying Life*, p. 49
2. C. S. Lewis, *A Grief Observed*, p. 18
3. Tim Keller, *Prayer*, p. 228
4. John Piper, desiringgod.org/articles/god-is-always-doing-10000-things-in-your-life, accessed March 19, 2021
5. A.A. Hodge, *Evangelical Theology*, pp. 92-93
6. J. I. Packer, *Knowing God*, p. 226
7. Paul Miller, *A Praying Life*, p. 31
8. Mark Batterson, *The Circle Maker*, p. 93
9. John Newton, *Select Letters of John Newton*, p. 22
10. Paul Miller, *A Praying Life*, p. 23
11. Tim Keller, *Judges For You*, p. 191
12. Kevin DeYoung, *Just Do Something*, p. 68